刊行にあたって

〔実践〕特別支援教育とAT（アシスティブテクノロジー）第6集

特集 AAC再入門～障害の重い子どもへのコミュニケーション支援～

　AAC（Augmentative & Alternative Communication：拡大代替コミュニケーション）というと，「障害の重い人のコミュニケーション技法でしょ？」という質問を受けます。それって，合ってもいるし間違ってもいる──確かに，障害の重い人にとってはコミュニケーションをとることはとても重要ですし，基本的な人権を尊重する意味でも必要な活動だと思います。しかし，コミュニケーションの支援が必要な人はもっとたくさんいるのではないでしょうか。

　また，「AACっておもちゃ遊びのことでしょ？」という人もいます。これも合っている部分もあるが，間違っているともいえる──おもちゃ遊びをするのはそれが目的ではなく，子どもたちができないことをできるようにすること，そして生活を豊かにするためにおもちゃ遊びが有効だと考えるからです。

　さて，AACの第一人者である中邑賢龍（東京大学）さんは，「AACとは手段にこだわらず，その人に残された能力とテクノロジーの力で自分の意思を相手に伝える技法のこと（『AAC入門』より）」と述べています。最近は知的障害や肢体不自由の特別支援学校でAACという言葉もだいぶ定着してきました。しかし，道具のみが普及していてその基本的な考え方が理解されていないようにも思います。前記の中邑先生が出した『AAC入門』も出版されて20年がたち，改訂版が出されるようになりました。そんな現在だからこそ，あらためてAACの基本的な考え方に立ち戻りたいと思います。

　特に，知的障害と肢体不自由を併せ有する障害の重い子どもへのコミュニケーション技法について，この特集では取り上げてみました。ぜひ，多くの学校の先生に参考にしていただいて，AACについて見直してみてもらえればと思います。

編集代表　金森克浩

CONTENTS

特集 AAC再入門〜障害の重い子ども

■刊行にあたって／金森克浩 ……………………………………………………………… 1

ズームアップ 当事者の声
圓井陽子さん・美貴子さん：支援機器の活用でアクティブに人生を満喫 …………… 4

アウトライン

(1) 今さら聞けないAACの基本／小松敬典 …………………………………………… 6
(2) スイッチと入力装置入門／禿　嘉人 ……………………………………………… 10
(3) スイッチトイの基礎・基本／谷本式慶 …………………………………………… 14
(4) 障害の重い子どもへのタブレットPC入門／佐野将大 …………………………… 18

実践事例編

(1) **事例1** スイッチトイ①
　　スイッチで打楽器を鳴らしてみよう！／外山世志之 …………………………… 24
(2) **事例2** スイッチトイ②
　　自分で写真を撮ってみよう！／渡邉弘規 ………………………………………… 28
(3) **事例3** スイッチトイ③
　　パワーポイント教材で朝の会を「子どもたちが主役！」の時間に／荒井桂子 …… 32
(4) **事例4** iPad①
　　iPadを活用したコミュニケーションの指導／西村大介 ………………………… 36
(5) **事例5** iPad②
　　iPadを使った見ることを支える実践例／松本健太郎 …………………………… 40
(6) **事例6** iPad③
　　「Sounding Board」と舌スイッチで意思伝達／谷本式慶 ……………………… 44
(7) **事例7** VOCA①
　　しゃべれなくても挨拶したり役割を担う／福島　勇 …………………………… 48
(8) **事例8** VOCA②
　　運動障害と視覚障害・発語困難のある子どもへの支援／知念洋美 …………… 52

へのコミュニケーション支援～

●ミニ特集●
障害の重い子どもたちの世界を変える！最新機器

- (1) OAK／重度重複障害の子どもの活動を支援する：田代洋章 …… 56
- (2) Tobii／トビー視線入力装置の有効活用：伊藤直弥 …… 58
- (3) タブレットPC／いつでも，どこでも使えるっていいですね：高松 崇 …… 60

情報コーナー

- **Webサイト** ●特別支援教育教材ポータルサイト（支援教材ポータル）／新谷洋介 … 62
- **支援機器・教材の紹介**
  - ① ゆらぴかタワー／矢島 悟 …… 64
  - ② ボカ太くん／太田直樹 …… 66
- **研究会情報** ●THE MAGICAL TOY BOX（マジカルトイボックス）／平澤庄吾 …… 70
- **活動紹介** ●子どもたちの生活を広げる「ウィッシュ」について／谷口公彦 …… 72
- **海外情報** ●CTGカンファレンス／武富博文 …… 74
- **知っておきたいAT用語** ●いまさら聞けないAT用語をピックアップ／大森直也 …… 76

一度は手にしたい本／髙塚健二 …… 78

　『AAC入門 コミュニケーションに困難を抱える人とのコミュニケーションの技法』（中邑賢龍 著）
　『改訂版 スイッチ製作とおもちゃの改造入門』（金森克浩 編著）

編集後記／金森克浩 80

ズームアップ

当事者の声

圓井陽子さん・美貴子さん
支援機器の活用でアクティブに人生を満喫

（聞き手）本誌編集代表　金森克浩

●圓井陽子さん，美貴子さん紹介●
私たち親子は，とてもアクティブだとよく言われます。旅行が好きで，人が好きで，好奇心旺盛です。本来，人は障害の有無にかかわらず性格や嗜好があり，自分らしく人生を満喫したいという当たり前の願いを持っていると思います。私たちもその願いにまっすぐに進みたいのです。ただ，陽子は出産時のトラブルから重度の心身障害を負いました。手足が不自由で車椅子です。言葉でコミュニケーションできず自分の意志を伝えにくいです。でも，できる方法はきっとある！と考えていつも楽しんでいることが，アクティブと言われる理由なのかもしれません。

Q1　支援機器を使うようになったきっかけは何ですか？

陽子が3歳の頃，STの先生から初めてスイッチを見せてもらった時，「これだ！」と思いました。それまでの陽子には能動的な遊びの環境がなく，「楽しい！」「できた！」という喜びが得られないと思っていたからです。寝たままで手を振り上げてビッグスイッチを叩き，パワーリンクで接続したミュージックBOXを鳴らし，私の褒め称える声に張り切って体を反り返らせて答えた様子は今も忘れられません。これが支援機器を使い始めた原点です。それから，彼女の楽しみたい意志と行動をもっと見たい！という願いに駆り立てられるように，私は様々なスイッチ遊びの工夫に没頭しました。やがてその工夫は，学校生活や地域活動に生かされていきました。

Q2　どのような支援機器の活用が一番よかったですか？

陽子は視覚が不確かですが耳がよく，音楽が好きで，音楽に関連したVOCA遊びや，楽器を鳴らすスイッチ演奏を特に楽しんでいます。ビッグマック，ステップバイステップ，チャットボックスは遊びの内容で使い分けます。歌をフレーズごとに録音して，交互に歌いっこしたり，陽子の「そーれ！」のかけ声でみんなが歌ったりというのは，簡単で楽しくやる気を生む歌遊びでした。また，楽器と支援機器と玩具や家電製品をアレンジした楽器演奏は，音楽サークル活動で活用し，地域で仲間と演奏発表もします。どのような活用も，一人遊びより家族や友だちと楽しむ，また社会参加に生かすことがとても魅力的です。

Q3　支援機器を使うようになって何が変わりましたか？

支援機器を使用することで，陽子は誰にでも解るように意志を示すことができました。また，表情や手の動きなどでも意思を示すようになりました。さらに，機器は回りの人たちの意識も成長させました。「陽子ちゃんは

コミュニケーションの機械を使って意志を伝えます」と同級生の友だちが作文に書いたように，支援機器という手段を得たことをきっかけにして，みんなが陽子の様々な思いに向き合うようになりました。そのことは，彼女の学校生活や地域生活をより豊かなものにしたのです。

Q4　若い保護者や子どもさんたちに伝えたいことは何ですか？

　年を経て，障害児を取り巻く制度も環境もどんどん整ってきました。情報量も入手方法も豊富になり，待っていてもいろいろな情報が舞い込みます。でも，ユーザーが自ら必要なものを工夫することは少なくなったかもしれません。かつての私は，ホームセンターや玩具屋さん，100円均一，果ては電気屋さんで使えるものをしばしば物色していました。陽子を楽しませたくて，スイッチやVOCAを活用した物作りを独自に楽しんでいたのです。

　みなさんには是非，してみたいことにわがままな欲求を持ち，支援機器の活用を自ら楽しんで欲しいです。そして，学校だけでなく様々な日常場面での活用が，子どもや回りの人たちを成長させ，生活に主体性と豊かさを生む効果を実感して欲しいです。支援機器は教育場面のためのものではなく，子どもたちの毎日の生活や経験に生かされるものであるからです。

Q5　特別支援教育に関わる先生方に伝えたいことは何ですか？

　シンプルテクノロジーからタブレットPCまで，支援技術も広がりを見せています。先生方には，個々の子どもに生かすことを視野に入れて関心を持って欲しいと思います。しかし，全教員がその技術に遜色なく堪能でなければいけないとは思っていません。"機械いじりが好きな隣のオッチャン"でもいいのです。つまり支援技術が多岐にわたる中，先生方に求められるのは，支援情報の豊富な引き出しと，その引き出しの中にいかに多くの人材やネットワークが入っているかということだと思うのです。そのためには，学校外の世界にも何か面白いことが転がっていないかという好奇心と柔軟な発想力，そして情報や技術の連携に対する積極性が重要ではないでしょうか。

　また，学校での支援機器の活用は，子どもたちが学校から帰ってからの日々に生かされ，さらには将来に生かされることを常に念頭において欲しいです。特別支援教育とは，その子が今から将来にわたり，社会で自分らしく生きていくための学びだと思うからです。ですからそこには制約も限界もなく，例えば重度心身障害であるからと，使う支援機器を限定する必要もないと考えます。どんな支援機器も，既存の方法で100％活用できなくては意味がないというものではなく，50％活用でも5％活用でも重要な意味を持ち得るはずです。また，既存の概念にとらわれず，使用方法も目的も，様々な工夫によって何通りもあっていいのです。そう考えると，5％の使用者も100％の目的を達成していると言える訳です。

　こういった，柔軟な考え方で支援機器を捉えてこそ，重度心身障害の子どもたちの本当の有効な支援となっていくと思います。

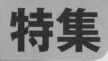

特集 AAC再入門〜障害の重い子どもへのコミュニケーション支援〜

...アウトライン...

1 今さら聞けないAACの基本
障害の重い子どものクオリティオブライフを高める機器活用

ぴゅあ・さぽーと・みなと　小松敬典

◆AACとは

　AACの第一人者である中邑賢龍さん（東京大学）は「AACとは手段にこだわらず、その人に残された能力とテクノロジーの力で自分の意思を相手に伝える技法のこと」（『AAC入門』より）と説明しています。

　人に聞き取れる声が出せない場合は、マイクとスピーカーを使って音声を拡大したり、その際に不要な周波数帯の雑音部分をカットして聞きやすくしたりするという能力を拡大・補助する技法を用いることができます。

　音声が出せない場合は、筆談や手話、ゼスチュア、メール、絵シンボルの指さし、視線による意思表示、残された能力を用いた機器操作等という代替手段を用いることができます。

◆AACは「できる」こと探し

　人が話すことができるようになったのは、二足歩行をするようになったため脳が大きくなり言葉を理解できるようになったこと。また身体的な理由では、声帯、喉、口腔の空間で音を共鳴させやすくなったこと、声帯が長いこと、表情筋が発達しているために唇の柔らかさで細かい音を調節できるようになった

ことが2つの理由だと言われています。

　しかし障害の重い子どもは、声帯・喉・口腔・舌・唇や呼吸をコントロールする体幹等に不随意の筋緊張があります。さらに、障害のために身体機能の獲得が十分でなくても時とともに体の成育がすすんでしまい、かえって機能獲得の大きな妨げにすらなっています。

　たとえば、筋力や調整力が備わる前に体重が増加することで、立ったり歩いたりする能力を獲得することは一層困難になります。摂食能力が育たないうちに口腔の容量が大きくなってしまった子どもは口腔を上手く扱えずに、一層の困難を抱えます。このことは発音・発声の能力獲得とも関連しています。

　このように、障害には、外見から分かる障害だけでなく、見えない障害、気づかれにくい二次的に生じた障害があります。

　AACは発想の転換です。「できない」ことを数え上げるのではなく、「できる」ことを探して、今ある能力を活かそうという考えです。

◆道具だけではコミュニケーションが可能にならない

　障害を補完する道具が得られれば、それでコミュニケーションが可能になるわけではあ

りません。

"アヴェロンの野生児"の例では，たとえ子どもの側に身体的条件があっても話すことはできませんでした。彼は，コミュニケーションの方法を理解し技術を習得していなかったためです。

AACは適切な方法・機器を選定することにとどまらず，当事者が理解し技術を習得するというプロセス全体を含む，コミュニケーションというパフォーマンスを支援する技術です。

◆アテンション（注意喚起）の合図はコミュニケーションの手始め

大人の養護のもとにある子どもにとって，アテンション（注意喚起）の合図は最も重要なコミュニケーションです。

しかし，障害の重い子どもには，笑ったり泣いたりしてアテンションの合図ができない子どもが少なくありません。快や不快の感情を声や表情で十分に表出できないために，周りの大人に気づいてもらうことができなかったのです。

自分の行為で，大人に合図を送り，人を呼び寄せることができた経験が乏しいと，自己効力感を持つことは大変に困難です。

大人が普段はそばにいて，自分の意思を読み取ってくれる環境にいる子どもでも，大人が少し離れたところに行った場合に大人を呼べる手段があれば安心することができます。

障害の重い子どもが自己効力感を持てずに無気力になっている原因は，アテンションの合図が出せないことと，これに起因する先回りした支援にあります。先回りした支援が日

A君が合図を出せるようになったケース

常化すると，自分の欲求を自覚する機会が少なくなり，達成感も得られません。

A君は脳が酸素欠乏の障害を受けて，人工呼吸器を装着していました。自分の唾液でむせてしまう。眼球が動かせずに手を握り返すことができないという状態でした。

しかし，A君には不随意の緊張ではないけれど意図的とも言えない右腕の動きがありました。そこで，右腕を動かしている範囲で比較的離れた位置に全方向のスイッチを置いて，このスイッチに「ピンポンパンポンピーン」と奏でるチャイムにつないでみました。

偶然にA君の右腕がスイッチに触れるたびにチャイムが鳴ります。そのたびに『Aちゃん，なあに？』と言って母親が顔を覗き込むようにしました。このことが繰り返されるうちに，A君はスイッチを押すことで母親を呼ぶことができるということに気づくようになりました。腕の動きとスイッチのクリック感。クリック感とオルゴールの音色。オルゴールの音色と母親の応答。これらが一つの因果関係で了解されたようなのです。

こうなると、意図的にスイッチを押そうと腕を動かすようになり、顔にも喜びの表情が見て取れるようになりました。右腕はぎこちなくスイッチに向かっていましたが、1年ほど経つと、スーッとスマートに伸ばせるようになっていました。

扱えるようになったスイッチで、パソコンを利用するようになり、いくつかのメッセージを選んで発信もできるようになりました。

◆随意で動かせる部位を探す

A君のケースを例にして考えてみましょう。まずは、A君がコミュニケーションに使える原資がどれだけあるかを知ることです。随意に動かすことができる身体の部位を探すのです。まだ意思表示に用いることができていないので、「随意に」動かせるというのは、不随意の強い緊張に支配されていないで動く部位を候補にします。

この部位は動かすことができるだけでなく、元の状態に戻せることができないと不都合です。スイッチをバタンと押したままで手を離すことができなくては、次の合図を発信できないからです。

視線、まばたき、額のしわ、頬の筋肉、唇、舌、吐き出す息、顎の上下・左右の動き、首のねじり、肩の動き、肘を開閉する動き、手首の動き、指先の動き、握りしめる動き、お腹を凸凹する動き、腰のねじり、膝の開閉、踵の上下、足の親指の動き等々。脳内の血流や脳波なども、詳しく調べれば変化を検知することが可能になっているようです。使える原資は幾つかあるはずです。

◆随意の動きを検知するセンサーを選定する

身体部位の変化をキャッチするセンサーは、現在では多様で高機能なセンサーが開発されています。押したり引いたりする物理的なスイッチをはじめとして、曲げたり触れたりするだけで操作できるスイッチ、息を吹きかけて操作するスイッチ、視線の動きやゼスチュアをカメラで読み取って様々な操作をすることが一般市販品でも可能になってきています。不随意の動きが混じり込んでも、不要な情報を取り除く技術も進歩してきています。

A君の場合は、分かりやすさ、扱いやすさ、安定性、確実性、経済性の点から全方向の棒スイッチを使用しました。

◆スイッチのセッティング・姿勢のポジショニング

スイッチをセットする位置の配慮が必要です。入力しやすい方がよいのですが、あまりに入力しやすい位置だと不要な場合の誤入力の恐れがあります。また、思い切り押したときでも怪我をしないように安全の配慮も欠かせません。

A君の場合は、全方向の棒スイッチをA君が腕を自然に伸ばしきった位置の少し手前にセットしました。スイッチの棒には柔らかいスポンジのカバーをつけました。

ポジショニングは作業しやすい姿勢をとるために環境を整えるということです。無理なく疲れない、見やすく、作業しやすい姿勢をとれるように環境を配慮します。疲れない姿勢は、呼吸が楽にできることと通じています。疲れずに正確な作業をしやすくするには、不

要な動きが生じないように工夫します。たとえば，指先だけの動きを使いたいときには，パームレストをセットしたりします。

◆リアクションの工夫で自己効力感を持たせる

まずは，手応え（リアクション）の感覚が重要です。自分の行為をまず確認できなくては，その次に起きるイベントが自分の行為に起因するものだとは認識できにくいからです。

普段から，自己決定の機会を多く作り，それを尊重することが自己効力感を育てます。

何かしてあげる場合でも，その都度「○○していい？」と本人の了解を求めるようにすると，本人の意思（の表明）が次に来る結果をコントロールできるという効力感を持たせることができます。

子どもの手を持ってスイッチを押したり，バチを握らせた子どもの手を上からしっかり掴んで太鼓を叩いたりする人がいます。こうした経験では，かえって無力感を深めます。

環境を整えることは，子ども自身の意思と力でできるようにすることが目的です。

A君の場合は，最初のリアクションは全方向の棒スイッチの「カチッ」というかすかな抵抗感を伝えるクリック感です。同時に鳴り出すオルゴールは，付加されたリアクションです。本人にとって心地よい音色であれば，スイッチを押す度に小さな達成感も得られるリアクションにしました。そして最大のリアクションは母親の返事でした。自己効力感が次の行動の原動力になるので，丁寧に工夫し実行します。

◆アテンション（注意喚起）の合図の次

アテンション（注意喚起）の合図を出せるということは，流れていく時間のなかで必要が生じた時間を選択できるということです。様々な種類の回転寿司を選ぶことと仕組みは基本的に同じです。選択肢を増やしていくことは，子どもの側の望むことと短期記憶の能力と相談です。選択肢が切り替わるスピードは子どもの表出能力と相談です。

このようにして，スイッチ1つで楽しめる世界は次第に広がります。しかし障害の重い子どもでは，スイッチを扱えるようになっても，ビデオや音楽，ゲームを楽しむことに意欲は向いたままで，コミュニケーションエイドを利用して意思を表現したいと考える子どもは一部です。欲することが具体的に伝えられなくても，家族が欲することのリストを承知していて，候補をあげて，あれかこれかと聞いてくれるので，それに答えられれば用は足りるかもしれません。

AACは，あるがままの子どもの現実に立脚しているのです。障害による欠如に着目するのではなく，今子どもが持っている原資（能力）を使い，子どもの意思を尊重して，実現可能な環境支援によって生活を豊かにする技術です。

それは，障害の重い子どもに自己肯定感を持たせ，自己効力感をもたらします。

AACの技術を活用することで，障害の重い子どものクオリティオブライフが一層高められることが期待されます。

2 スイッチと入力装置入門
代表的なスイッチとその活用

東京都立光明特別支援学校　禿　嘉人

1　はじめに

障害のある児童・生徒がおもちゃやパソコンなどを主体的に活用するには，外付けスイッチなどのインターフェイスを工夫することが重要になってきます。ここでは，スイッチの種類や特徴，使い方の基本を再確認しましょう。

2　代表的なスイッチ

市販されているスイッチの種類は非常に多いので，すべてを紹介することはできません。ここでは，代表的なスイッチを4つ紹介します。

スイッチを選択する際に最も重要なのは，子どもに合わせてスイッチを選択することです。くれぐれもスイッチに子どもが合わせていることにならないようにします。

(1)　押すと作動するスイッチ

もっともポピュラーなスイッチで，種類や色も豊富です。ボタンになっている上面を押すことによって作動します。

机に置いて使用する場合は，100円ショップなどで購入できるゴム製の滑り止めを底に貼り付けておくと押すたびにスイッチがずれることがないので，使用感が向上します。また，写真のようなスイッチ・マウント・システムを利用することによって，車いすに取り付けたり身体の様々な部位で操作したりすることができます。

最もポピュラーなプッシュ・スイッチ

適した位置に固定できる

押すと作動するスイッチは，複数の色を選べる製品が多いので，色違いのスイッチを2つ以上並べて別の機能をもたせる場合にも便利です。

(2)　引くと作動するスイッチ

ひもを引くことによって作動するスイッチです。緊張の強い人が使用する場合は，ひも

の部分に100円ショップなどで購入できるゴムひもを取り付けることによって，ゴムが不随意運動を吸収してくれるので，安心して使用できます。また，ゴムひもの先を輪にしておくと手首などにつけることができるので，握り続けることが困難な子どもにも使うことができます。

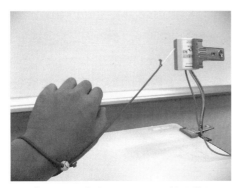

ゴムひもと「どっちもクリップ」を使う

スイッチの作動面を意識することなく使用できるため，スイッチに対する意識が低い場合や視覚に課題がある場合などに幅広く利用できるスイッチです。

「どっちもクリップ」という書類はさみ用具で固定することで，使用者の手の動きの方向に合わせた設置が可能になります。

(3) 倒すと作動するスイッチ

棒を倒すことによって作動するスイッチで

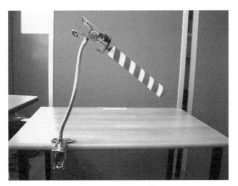

子どもに合わせて操作部を工夫

す。棒の内部は丈夫なバネになっており，どの方向に倒してもスイッチが入るのでたいへん汎用性の高いスイッチです。

また，緊張などによって過剰な力が加わってしまったときにも，バネが衝撃を吸収してくれるので安全に利用することができます。操作部に子どもに合わせた大きさの発泡スチロールやスポンジ素材の棒や球を差し込み，接着剤などで固定すると安全で扱いやすくなります。

写真は，視覚的に見えやすくするために操作部にテープをらせん状に貼っています。

(4) 高感度なスイッチ

PPSスイッチに代表される高感度なスイッチも，教育現場でよく用いられています。筋疾患等で身体の動きが制限されている場合などでも，身体に取りつけた小さな金属板に

わずかな動きも感知するスイッチ

スイッチの接続部

よって，目に見えないようなわずかな動きを感知して操作することができます。

なお，障害児・者用のスイッチの接続部分は，ほとんどのものが3.5mmモノラルミニプラグで統一され，使用者に合ったものに自由に付け替えることができます。

ここで挙げている他にも，たいへん多くの種類のスイッチが市販されています。詳しくは，下記のWebサイトが参考になると思います。

　　エイティースクウェアード：http://at2ed.jp/

スイッチの使用に当たっては，使用する本人を中心に，教員や保護者，関係者が相談して，使用者が最も楽で安全に使用できる製品や使用法を決めることが大切です。

3　スイッチ入力を補助する機器

障害児・者用の外部スイッチが接続できるおもちゃや機器もありますが，多くのものは直接スイッチを取り付けることができません。そこで，スイッチを取り付けるための補助する機器が必要になってきます。

(1) おもちゃに取り付ける

おもちゃにスイッチを取り付けるには，BDアダプターという支援機器を利用します。

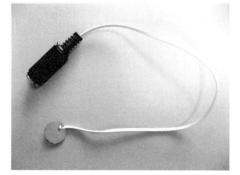

BDアダプター：金属板は−極側に入れると入れやすい

この機器の銅板を電池ボックスに挟み込むと，スイッチを作動させている間だけおもちゃが動くようにできます。なお，この機器で扱えるのは，電池で動くシンプルなおもちゃだけです。全てのおもちゃにBDアダプターが使用できるわけではありません。

また，スイッチを短時間なら操作することができても操作し続けることが困難な方のために，一定時間スイッチの入力を継続してくれるスイッチ・ラッチ＆タイマーという機器も市販されています。この機器をおもちゃとスイッチの間に接続することによって，スイッチを1回操作するだけで，たとえば10秒間おもちゃが動き続けるといったことが可能になります。

中央がスイッチ・ラッチ＆タイマー

(2) パソコンに取り付ける

パソコンにスイッチを取り付けるには，スイッチ・ジャック付きマウスやトラックボールを利用します。これを使用することで，スイッチでマウスクリックと同様の操作を行うことができるので，パワーポイントで作った紙芝居を楽しむ場合などに利用できます。

なお，一般的なマウスも改造することによって，スイッチを接続することができるようになります。興味のある方は，金森克浩編著『改訂版　障がいのある子の力を生かすスイ

スイッチが接続できるトラックボール

ッチ製作とおもちゃの改造入門』(明治図書)をご覧ください。

なお、ソフトウェアと組み合わせて、文字の入力などキーボードの操作と同様の動作を外部スイッチで行える製品もあります。

(3) iPadに取り付ける

iPadをスイッチで利用するには、i+Padタッチャーという支援機器が便利です。代表的なタブレット端末であるiPadは外部スイッチを接続することができません。そこで、iPadの操作したい画面上に静電ユニットを貼り付けて、その部分をタップしたことと同じ動作を外部スイッチで実現するものです。画面上にコードがぶら下がることになるので、それが気になってしまう子どもや複数のスイッチを押し分けて利用する目的には向いていませんが、気軽に使える上に、たいへん汎用性も広いものです。

画面にユニットを貼り付けて使用する

(4) AV機器を操作する

ラジカセやテレビなど赤外線リモコンで操作ができるものを外部スイッチで利用したい場合には、学習型リモコンというものが便利です。これは他のリモコンが出す信号を記憶し、発信することができるもので、多くの製品は複数のリモコンの信号を記憶することができます。これにより、テレビ電源の入・切やチャンネル送り、CDの再生・停止や選曲などを外部スイッチの操作でできるようになります。スイッチを取り付ける加工が必要になりますが、自信のない方は、(株)エスコアール (http://escor.co.jp/) などで、改造済みのものを取り扱っています。

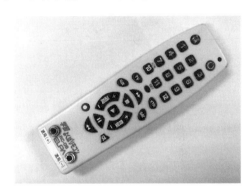

スイッチが接続できるよう加工する

4 さいごに

AAC再入門ということで、基本的なスイッチの紹介と使い方を紹介させていただきましたが、大切なことはこれらの機器の使い方を練習させるということではなく、子どもたちの主体的な活動をどのように支援するかということです。

これからも、子どもたちの「できた」「楽しい」といった気持ちを大切に取り組んでいきたいと思います。

特集 AAC再入門〜障害の重い子どもへのコミュニケーション支援〜

3 スイッチトイの基礎・基本
子ども理解から始めるスイッチトイでの活動

東京都立八王子東特別支援学校　谷本式慶

1 「スイッチトイ」導入前の子ども理解

① 玩具屋さんで動き続ける玩具。初めは興味が湧いて眺めていたとしても、動き続ける玩具にいずれ飽きてしまう、場合によっては騒音に思えてくる、といった経験はないでしょうか。障害の重い子どもが、自らコントロールできない動作している状態の玩具を提供された場合、同じように感じることがあるかもしれません。

市販の玩具は、プロが売れると見込んで販売に至ったほどのものですが、いつでも使いたいかどうかは別です。玩具は、「遊びたいときに遊ぶ」のが楽しく、自らコントロールして遊ぶことは、さらに楽しいことでしょう。

② 障害の重い子どもと玩具については、2005年4月発刊『「特別支援教育におけるコミュニケーション支援」AACから情報教育まで』(ジアース教育新社、絶版)の第2章「おもちゃから広がるコミュニケーション」概論編の中で、小松敬典氏が20ページにわたって述べています。そこでは、キーワードとして「応答する環境」(2002, 石川政孝)という言葉が用いられており、「応答する環境」については、研究報告書『重度・重複障害児のための「応答する環境」の開発についての実際的研究(平成14年3月)』(国立特別支援教育総合研究所C-39)

https://www.nise.go.jp/kenshuka/josa/kankobutsu/pub_c/c-39.html

にまとめられています。

この研究報告において石川(2002)は、

『学びの基盤は「自分が外界に働きかけることができる」という自分の可能性に自らが気づくことである。自分が外界に働きかけることができることへの気づきから、「自分もやってみたい」という意欲が育つ。さらに「自分は、これがやりたい」という自分の興味・関心に応じて活動を選択し、主体的に活動に取り組んだり、自分の意図を人に伝えようとするコミュニケーションの意欲に繋がる。重度・重複障害児のための「応答する環境」は、すべての子どもの学びの基盤と言える』

と述べており、小松氏は前述の著書の中の、『重度・重複児と「応答する環境」としての大人』の項目において、

・「玩具を与えれば、それがそのまま子ども(にとって)の応答する環境になるわけではありません」
・「まずは、身近な大人が、子どもの応答する環境であることが望ましいのです」

と述べ、その理由を以下のように3つ挙げて

います。
① 「子どもは，身近な大人との応答を経験することで，環境との応答の楽しさを学ぶからです」「子どもが外界と応答する意欲の原点がここにあるともいえます」
② 「身近な大人が，子どもがどのような意欲を持ち，環境をどのように理解しているか，そして何ができるか等の情報を得ることができ，それを子どもの環境のデザインに生かすことができるからです」
③ 「子どもが，身近で応答する大人を媒介にして，応答する世界を豊かに広げていくことができるからです」

このように，スイッチトイを導入する前に子どもをよく理解し，まずは大人が応答する環境となることが重要といえます。

2　Aさんの事例

ここで，事例を紹介します。
Aさんについて：小3（当時）児童，療育センターで生活（気管切開）。視覚：明暗や赤いボール，近くで人が動くのがわかる。聴覚：よい。頻繁な痰の吸引が必要で，血中の酸素飽和度（SPO2値）を適正範囲に保ちにくい状況（酸素使用）。全身の緊張が強く，苦しい時には長時間全身を反らせ，大人でも戻せない。その時は，何をしても反応はない（苦しくて，何も受け入れる余裕がない）。

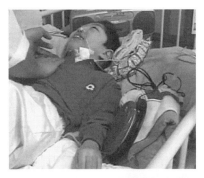
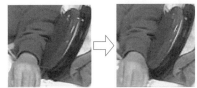

Aさんの授業にあたっては，
・「苦しい」を取り除く
・「快い，楽しい」ことを共有し，筆者がAさんにとって意欲を持てる「人」になる
ことをベースとし，その上で，
・Aさんが自分でできることをみつける
ことをねらって，日々授業を行っていきました。授業では，必要不可欠な身体への取り組みをしながらも，話しかけたり，歌を歌ったりといろいろなことをして，好きなこと・わかることを探りました。その中の一つ「ヒュー・ポトン！」は，音が下がってくる口笛の「ヒュー」で予告し，舌で鳴らす「ポトン」の音で筆者の指をAさんの身体にあてる遊びです。笑うことのなかったAさんがこの遊びでは笑うようになり，繰り返すうちに始まりの音で表情が変化するようになりました。一方，身体については，反らせること以外に自分で動かす様子は見出せずにいましたが，療育センターの花火大会で闇に打ち上がる花火をわずかに見上げるという随意的な動きを見つけることができ，改めて全身を観察しながら，全身の各部位に働きかけると，呼吸の落ち着いているときに手首を外側へわずかに回す動きを見つけることができました。操作感と音のあるビッグ・スイッチをAさんの動きに合わせてセットし，共有できている遊びを再現する『VOCAに「ヒュー・ポトン！」を録音して，スイッチで再生』という活動に取り組むことにしました。一緒に操作をし，

音声が再生されたら，合わせて口笛を吹いて一緒に遊ぶことを時折行ううち，自分で繰り返し操作して笑うようになりました。

3 スイッチトイの導入時の配慮点

Aさんの事例では，「人」との関係ができたこと，その「人」と遊べるようになったこと，その人との遊びをスイッチ操作で再現し，自分で遊べるようになったことが，ポイントだといえます。自分で身体を動かしたり，人とやりとりしたりすることが難しいと思われていたAさんでしたが，人から始まった「応答する環境」が力を引き出したといえます。このように，好きな玩具や活動をみつけられれば「人」でも他のものでもよいわけですが，ここではスイッチトイの導入について述べていきます。

子どもが，身体的に玩具等の興味の対象に直接アプローチできる場合には，「興味の対象に直接触れると反応する環境」が初期の段階となります。無意識に触れた結果でも，好きな玩具や活動であれば意欲が持て，因果関係理解につながる可能性が高くなります。好きな活動ですから，繰り返し行うことでしょう。そして，意識して操作ができるようになったら，「離れたところから操作する」ことにも取り組んでいきます。私たちの身の回りの多くのものは離れたところから操作を行いますので，これが理解できるようになると活動が広がります。発達的には次のステップとなりますので，急に難しい内容にならないような配慮が必要です。

離れたところからの操作ができるようになった例としては，興味がある玩具に触れようとするとスイッチに手が当たって動作する環境，子どもが時折手を動かしているので，そこにスイッチを設置して手が動くと好きな振動が感じられる環境，足の動きが見られたので，足を動かすと目の前で興味ある音と光が発せられる環境等です。いずれも，興味ある題材が自らの動きで生じる環境の中で「動作」を繰り返すうちに，子ども自身が気付いて「操作」に変わっていったものです。

異なる観点に，子どもの手などにどのように関わるかということがあります。事例のAさんの場合には，手を持って伝えることがよい結果につながりましたが，手を持つことが逆効果となる場合があります。手の操作がある程度可能という子どもの場合，手を持つことで任せきりになって手元を確認しなくなったり，持たれた手を振りほどこうとして活動への集中が途切れたりすることが多くみられます。もちろん重要な動きを介助して伝える必要がある場合もありますが，手の動きをある程度獲得している場合には，まずは子どもの手には触れず，自分から手を出す場面設定を行うことが，筆者の経験上非常に重要と考えています。

4 活動を支える道具

＜直接触れると反応する玩具＞

市販の乳幼児用玩具や一般の玩具，教育療育用玩具を購入する方法があります。教育療育用玩具は，

「iWANT」

http://www.i-want.co.jp/というサイトで販売しています。また，市販の玩具IWAYAのダンシングシリーズもお勧めです。音センサーで動作する設計の30cm程のキャラクター人形ですが，人形に触れると踊るように動いて音楽や声が流れます。

＜玩具等をスイッチで操作する方法＞

a．市販の玩具をBDアダプターで動かす

電池式で，「一旦本体のスイッチを入れると動き続ける，動作時に電池を外すと止まるが電池を入れると再び動き出す玩具等」でしたら，BDアダプターが有効です。電池を入れ直した際に本体のスイッチを入れ直す必要がある機器には使用できません。電池ボックス内電池の端子部分に銅板を挟み込むと（＋－どちらも可），接続した外部スイッチで操作ができます。電池蓋にコードを通す穴がない場合，カッター等で削る必要があります。パシフィックサプライ㈱にて，大小2種類（単3電池用，単1・2電池用）が販売されており，㈱エスコアールでは簡易版の電子工作キットが販売されています。

http://escor.co.jp/index.html

b．スイッチジャック装備の玩具等を購入

前述したiWANTのサイトで購入できます。また，㈱エスコアールでも販売しています。

c．玩具の改造を行う

玩具等の分解・改造はメーカーや販売元では認めていませんので，個人の責任となります。改造の際の参考になる書籍は『改訂版障がいのある子の力を生かすスイッチ製作とおもちゃの改造入門』（明治図書）です。

d．100V電源（コンセント式）の玩具等を市販の電源コントロールユニットで操作

執筆時点では日本での市販品がありませんが，パシフィックサプライ社より発売予定の「ウゴきんぐ」（仮称）を使用すると，100V電源（コンセント式）を使用した玩具等の製作ができます。（100V電源製品の改造は絶対におやめください。）

この他，一瞬の操作ならできるが，玩具がすぐに止まって楽しめない，という場合には，「ラッチアンドタイマー」を使用します。一瞬の操作でも，設定した時間，動作させることができます。

5　おわりに

重度重複障害のある子ども（肢体不自由を主とする）といっても，一人ひとりが異なり，興味・関心の対象も異なります。環境がなく，力が発揮できていない子どももいることでしょう。一人ひとりに応じた「応答する環境」を目指して，子ども理解からスイッチトイの活動を組み立ててもらえたら幸いです。

AAC再入門~障害の重い子どもへのコミュニケーション支援~

4 障害の重い子どもへのタブレットPC入門
iPadを用いて子ども理解~魅力的なアプリの紹介と,iPad使いこなし術~

香川県立高松養護学校　佐野将大

1 タブレットPC出し惜しみのススメ

　今流行のタブレットPC。意を決して購入し,はやく活用しようと考えているあなたへ。まず,私からは,「タブレットPCの出し惜しみ」を薦めてみたいと思います。

　「はやく設定をすませて,アプリをインストールして,子どもに渡したい！」とはやる気持ちがあることでしょう。でも,だからこそ,じっくりと進めていく必要があるのです。ここでは,「出し惜しみ」つつ,タブレットPCの魅力を引き出すための方法について,一緒に考えていきましょう。

2 まずは設定から：ハイテクタッチパネルおもちゃにカスタマイズ！

(1) シンプルで魅力的なアプリ

　タブレットPCを購入し,初期の設定を済ませたら,アプリをインストールしたいところです。これがタブレットPCの一番の魅力であると感じられている方は多いでしょう。今では数えきれないほどのアプリが存在し,その中から目の前のお子さんにあったアプリを選択する,ということができるようになりました。これからインストールしておいて損がないのではないかと考える,おすすめアプリを紹介します。お手元にタブレットPCかスマートホンをご準備下さい。

　そして,「QRコードリーダー」という種類のアプリを入手して下さい。インターネットやアプリ検索画面で,「QRコード」と入力すれば,たくさんアプリが紹介されています。ちなみに私は今,「TapMediaLtd − QRコードリーダー」（https://appsto.re/i6Bx6kB）というものを使っています。このアプリを起動してから,下記に紹介する白と黒のモザイク状の模様をカメラで読み取ることで,そのアプリを入手するサイトに行くことができるようになっています。

おすすめアプリ①

THARTS − Awesome Xylophone −
https://appsto.re/i6Bf3Y4

　カラフルなシロフォンアプリです。色使いも綺麗で目を惹きますし,高音の心地よい音を出してくれます。このアプリはとってもおすすめなので,是非「QRコードリーダー」を起動して,インスト

ールに挑戦してみてください。

おすすめアプリ②

| Smule – Magic Piano –
https://appsto.re/i6Bf4j5 | |

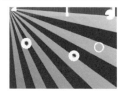

演奏時のアニメーションが印象的なピアノアプリです。いろいろな機能が拡張されていますが，「ソロ」という演奏モードがオススメです。

おすすめアプリ③

| Cognable – Cause and Effect Sensory Light Box –
https://appsto.re/i6Bx777 | |
| Cognable – Cause and Effect Sensory Sound Box –
https://appsto.re/i6BJ7JF | |

いくつもの効果音と，画面の変化を楽しめるアプリです。2つのバージョンがあり，少しずつですが，反応の仕方に違いがあります。

おすすめアプリ④

| EPLAYWORKS – AVPlayerHD –
https://appsto.re/i6Bx5RB | |

動画や音楽ファイルを再生させることができます。「SETTINGS」でジェスチャーの設定ができるため，画面を触れば次の曲に変わ

る，といった活用ができます。

おすすめアプリ⑤

| Real Fireworks Artwork 4 - in - 1 HD 2012
https://appsto.re/i6BJ6jL | |
| Fireworks Games – iLoveFireworks／打ち上げ花火 –
https://appsto.re/i6BJ566 | |

この2つのアプリは，どちらも花火のアプリですが，打ち上がる様子やそのための設定が，少し異なります。目的やお子さんに合わせるため，2つともインストールすることをお勧めします。

おすすめアプリ⑥

| カメラ・写真
標準アプリ | 標準でインストール済 |

標準で搭載されているカメラ・写真アプリも，アイデア次第で大活躍できます。支援の様子をビデオに撮り内容ごとにフォルダ分けしたり，子どもに予定を伝えたりするために，分かりやすく工夫した動画を撮影し活用することもできます。お子さんや伝える内容によっては，写真カードでは理解できなくても動画であれば理解できるということもあるでしょう。「大きな画面を搭載したカメラ」という視点で，独自のアイデアを考えてみてくだ

さい。

(2) 使いこなしカスタマイズ

アプリをある程度インストールしたら，次は使いこなしていくための設定を行います。

◆カスタマイズ1：ジェスチャ機能をオフ

まず初めに，「設定」の画面を開き，「一般」の中にある「マルチタスク用ジェスチャ」の右にある丸いスイッチを左に動かして，オフにしておいてください（図1）。この設定をしないと，ふとしたときにアプリが切り替わるなど，意図しない反応が生じてしまいます。

図1　マルチタスク用ジェスチャを「オフ」

◆カスタマイズ2：アクセスガイドをオン

アプリによっては，画面隅にメニューボタンやモード切り替えボタンが設置されていたり，広告が出たりすることがあります。子どもの意図しない動きでそのボタンに触ってしまって思い通りの反応をしてくれないことも少なくはないでしょう。このようなときには，iPadの標準機能である「アクセスガイド」が大変有効です。

「設定」の画面を開き，「一般」→「アクセシビリティ」→「アクセスガイド」の中にあ

る「アクセスガイド」の右側にある丸いスイッチを右に動かして，オンにしてください。「ショートカットを表示」という項目もオンにしてください（図2）。そして，設定したいアプリを起動し，そこでホームボタンをトリプルクリックします。すると，図3のような画面になりますので，触ってほしくない部分を指で囲むようになぞります。そして右上にある「開始」ボタンをタップすれば，その部分は手が触れても反応しなくなります。

新しいOSでは，時間制限機能も追加されました。設定した時間が来ると，アプリが自動でオフになります。このあたりの細かな設定も，いろいろと試してみてください。

図2　アクセスガイドの設定

図3　触ってほしくない部分を無効化する

◆カスタマイズ3：誤操作防止シート

次は，物理的な工夫の例を紹介します。例えば，「硬筆用下敷き」をカットして，人差

し指サイズの大きさの穴をあけてみてください。誤動作を防止するためのシートができあがりました（図4）。これだけでも，操作がとても上手にできるようになるお子さんもいます。大きさや数，穴の場所なども工夫してみてください。

図4　誤操作防止用シートの活用例

3　いよいよ実戦投入！：子ども理解のツールとしての活用

(1)　タッチパネルだからと言って，いきなり手を載せて操作させるのはNG？

ここまでの設定をすませれば，あなたのiPadの準備は万全です。でも，いきなりiPadをお子さんに渡して，遊べるかどうか様子をみる……のは，もう少し我慢して下さい。なぜかというと，子どもの実態に合わない活動を繰り返し提供してしまうと，「よかれ」と思って準備してきたこれまでの作業が「マイナス」にはたらいてしまうことがあるからです。以下のようなことは考えられませんか？

- 自分で操作することに興味がないかも
- そのアプリに魅力を感じていないかも

このようなことや，子どもの興味の持ち方がはっきりと捉えられていないうちに活用を進めると，子どもをかえって無気力にさせたり，支援者も手応えを感じられなかったりすることになります。

そのような事態を避けるために，まずじっくりと観察することから始めましょう。そう，iPadは観察を支援するツールとなるのです。

(2)　子ども理解のためのステップ

◆ステップ1　まずは観察のツールとして

「子どもにタッチパネルに触らせたい」と思う気持ちを支援者が捨ててみると，iPadを使いこなす突破口が見えてきます。まずは，iPadは支援者が持ちましょう。そして，子どもに提示してみるのです。さあ，どんな反応をするでしょうか。これから，一緒に観察していきましょう。

◆ステップ2　見るのか，聞くのか？

目の前に提示された魅力的なアプリに対して，子どもがどのように反応しているのかということを知るための観察を行いましょう。

そのための方法は，とても簡単です。アプリを支援者が操作してみせて，画面を見ているか，音を聞いているかを観察するのです。ある程度あたりがついてきたら，それを再度確認する作業を行いましょう。本当に「見ること」が子どもにとって重要であるなら，支援者が「画面をひっくり返してみる」と，何らかの反応を示すはずです。また，本当に「聞くこと」が重要であれば，支援者が音量をゼロにしてみる（ミュートしてみる）ことで，何らかの表現を子どもがしてくれるでしょう。このような方法を繰り返しながら，子どもが本当に興味を持つことができるアプリやiPadの活用方法を探っていきましょう。

もしかしたら，アプリではなくカメラで自分を写すだけでも楽しめるかもしれません。支援者の思い込みにとらわれず，「意外とこんな活動になった」ということが大切です。それが，目の前のお子さんの意思を尊重するということになると思いませんか？

◆ステップ3　体で感じる刺激は？

重度の知的障害を併せもつ肢体不自由児の場合は，見ると聞くの刺激では十分に満足できないことも考えられます。そのような状況を観察するため，iPadにおもちゃを接続するための機器を作製してみました。作製方法はとても簡単です。雑貨屋さんで，「ダンシングスピーカー」という商品を購入し，改造すれば作製できます。詳しい作製方法については，こちらを参考にして下さい。

特別支援よもやまブログ
http://blog.livedoor.jp/sanocch/archives/5212185.html

この写真ではイルミネーションライトを接続していますが，他にも「振動おもちゃ」「扇風機」など，体で感じるものを接続することができます。どのような違いがあるか，観察を進めてみてください。

◆ステップ4　子どもに渡してみる

やっと，子どもに渡すことができるステップまで進みました。これまで，どのような刺激の種類に興味が向いているのか，ということを観察してきたわけです。このステップ4に入るためには，できれば満たしておいて欲しい条件があります。

> 子どもが「もう一回味わいたい」と思ったときに，操作できるようにする。

この条件を満たすためには，活動設定の工夫も必要になるかもしれません。例えば，支援者がアプリを操作し，活動内容を子どもに伝えます。そして，途中でぴたっと止めてみるのです。この時（これまでの観察が上手くいっているならば），子どもから何らかの反応が出てくると思います。ここですかさず，iPadのタッチパネルが登場し，子どもの思いが満たされる……という構造の活動設定が重要ではないかと考えています。

こういった経験が積み重なれば，子どもはいろいろな方法を駆使してiPadを操作しようとすることでしょう。その時には，アプリごとの細かな設定の違いとタブレット端末への入力の種類を考えると，さらなる効果が期待できます。このような手の動きとアプリの見分け方については，みずほ教育福祉財団の論文を参考にして下さい。

> 重度知的障害を併せ有する肢体不自由児の，タブレット端末を用いた意図的行動の指導に用いる実態把握表やアプリ段階表，評価の方法の整理の試み

※国立特別支援教育総合研究所のHPで閲覧できます。
（サイトの容量が大きいのでパソコンでのアクセスでどうぞ）

4　観察に時間をかける大切さ

ここまでiPadのアプリを子どもが実際に体験するまでに，iPadを使っていくつかの視点で観察することの重要性について紹介し

てきました。ここで紹介した観察の視点は，『見る，聞く，体で感じる』の3点でしたが，この様子を観察することが難しいお子さんが少なからずいることも事実です。活動を楽しんでいる様子をビデオに撮ったとしても，容易ではない場合が多いでしょう。つまり，そのビデオを見た人によって評価が大きく分かれてしまったり，お子さんのことをよく知らない人が見て，「分からない」と思ったりするということが生じてしまうということになります。このような場合，観察を急ぎ結論を求めようとすると，本当はお子さんは○○が好きなのに，間違えて△△のアプリを提供してしまった，ということになってしまいます。そうすると，望んでいない変化を毎回体験してしまうわけですから，iPadを使った活動がかえって本人をぼーっとさせてしまったり，意欲を減退させてしまったりすることにつながってしまいます。このように実践を急ぐことに対する危険性について，十分に理解していただき，保護者や周りの支援者に伝えていただきながらiPadの導入を進めていただきたいと願います。これらの実態把握の取り組みは，東京大学先端科学技術センターが進めるDo it School OAKプログラムが参考になると思います。実態把握のための観察で悩まれた場合，アクセスしてみてください。

Do it school 2013　成果報告書
OAKプログラム

5 iPadを使う本当の目的は？

障害の重い子どもの教育にiPadを使う目的は何でしょうか？「楽しめる活動を見つける」「主体的な活動を引き出す」「本人の意思を尊重するための方法を整える」という目標を設定することが多いでしょう。本稿では，そのためにはまずじっくりと子どもを観察することが重要であり，そのためにiPadを活用することができるということを紹介してきました。

子どもが楽しんでいる姿って，どのようなものを想像しますか？ 私たちは，重度の肢体不自由がある子どもたちの主体性を引き出そうとするときに，つい主体性を「主体的で積極的な手指の動き」などの運動表出の増加で測ろうとします。でも，本当にそうでしょうか。

子どもの主体的な姿には，いろいろな種類のものがあります。一度，私たちのこととして考えてみましょう。「大好きな映画を見る」「好きな音楽を聞く」経験を思い出してみてください。これは，主体的な活動でしょうか？ もし，この2つの「見る」「聞く」の行動が受け身だからあまり意味がない，なんて言われたら，違和感を覚えるのではないでしょうか。

目の前の子どもが興味をもって環境からの刺激を受け止めようとしている様子を説明するのは，簡単なことではないかもしれません。でも，観察することはとても簡単です。「本当にそうだろうか？」と子どもの実態に興味をもち，いろいろな状況を比較して観察していくことが出発点であり，子どもに近づいていくためのコミュニケーションの始まりであると筆者は考えています。

※ご紹介したサイトは2015年2月現在のものです。

特集 AAC再入門〜障害の重い子どもへのコミュニケーション支援〜

実践事例編

事例 1
● スイッチトイ①

スイッチで打楽器を鳴らしてみよう！

東京都立町田の丘学園　外山世志之

◆ 電子楽器を外部スイッチで鳴らせるように改造

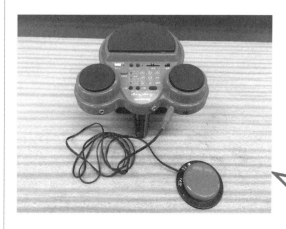

市販の電子楽器（ボンゴボンゴ）に外部スイッチを接続できるよう加工したものです。
楽器は15年以上前にパーティーグッズとして出ていたもので，この電子楽器そのものは既に販売を終了しています。
上部のパッド部分を叩いて鳴らす電子楽器で，モード切替により様々な打楽器音の他，「ピンポン」，「ブー」やファンファーレ音なども鳴らすことができます。それぞれのパッドに対応するスイッチ入力用のジャックを内部の基板にはんだ付けしてスイッチトイとして活用できるようにしました。

◆ 本物の打楽器をスイッチで鳴らせる装置

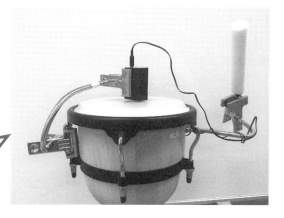

市販の呼び鈴チャイムの中身に使われているソレノイドという電子部品を活用して，スイッチ入力により電磁石となったコイルから金属棒が勢いよく飛び出す装置を作製しました。この装置を用いると，打楽器そのものをスイッチの入力操作で打ち鳴らすことができます。

1 音を鳴らすのは楽しい！

10年以上前から現在に至るまで，多くの児童・生徒たちに人気のスイッチトイがあります。それが，前ページに紹介した「ボンゴボンゴ」という電子楽器です。本来は本体の上部にあるパッドを叩いて鳴らす仕様になっていますが，それを外部スイッチで鳴らすことができるよう改造してスイッチトイとして活用しています。

「ボンゴボンゴ」自体は，もう何年も前に販売を終了していますが，類似の電子楽器や子ども向けの玩具は現在でも様々なものが市販されています。

打楽器音や効果音を鳴らせるこれらの玩具は，子どもの興味をひきやすく，リズムとか演奏とか特にこだわらずに，音を鳴らすこと自体が楽しくて夢中になる様子がよくみられます。

肢体不自由のある子どもたちも同様です。スイッチを活用して本人が自発可能な動きで音を鳴らせるよう環境設定すると，多くの子どもたちが意欲的にスイッチ入力を繰り返し，音を鳴らして遊びます。

2 わかりやすいフィードバックが因果関係を理解しやすくする

スイッチ入力の度に楽器音や効果音が短く鳴り，電子楽器ゆえに音量の調整も可能なので，操作に対するフィードバックが本人にわかりやすいというのが，このスイッチトイの特長の1つです。

肢体不自由の特別支援学校に在籍するAさんは，小学部入学当初，玩具等を含めて物や人へ意図的な働きかけをする様子は，まだほとんどみられませんでした。一方，自身の身体に向かう上肢の動きはみられたので，その動きに合わせるようにスイッチをセッティングして，前述の電子楽器につないでみました。

Aさんは，最初のうちは自身の身体に向かう手の動きの中で，偶然スイッチを入力して電子楽器の音を鳴らすことになります。スイッチの入力は意図して行われたものではありませんが，入力の際にわずかな手応えとして本人に伝わる「カチッ」という感触と，同時に生じる応答性の高い電子楽器の音声が，両者を結びつける形で「気づき」を生みます。

意図していないであろう入力を何度か繰り返した後，「あれっ」という表情で電子楽器の音を確かめるような様子がみられるようになりました。入力の頻度も少しずつ増えてきて，手の動きは自分の身体に向かうものからスイッチそのものの手応えを確かめるような動きに変わっていきました。

スイッチによって音が鳴るという因果関係は，試行錯誤的に操作する過程を経てAさんの中で徐々に明確になってきたと考えられます。そして，自分の身体（手）をどのように動かせばスイッチを入力でき，音を鳴らすことができるかを感覚的に理解したAさんは，その後，自分から意図的にスイッチを入力し，

音を鳴らして遊ぶようになりました。入力の頻度はもちろん，スイッチを操作する際の真剣な表情からも，Aさんのスイッチ操作が意図的なものに変化していったことがわかりました。

3 因果関係の理解をベースに

スイッチと電子楽器（の音）との関係が確かなものになったことで，その後，Aさんの自発行動は大きく2つの方向に発展していきました。

1つは，入力が確実になってきたスイッチによって，電子楽器だけでなく，他のものについても意図的に操作するようになりました。具体的には，同じスイッチをパソコンにつないで入力のたびにAさんのお気に入りの音楽が15秒程度再生されるよう環境設定を行いました。すると，スイッチと音楽との関係は程なく理解できたようで，音楽が停止すると自分からスイッチを入力して音楽を再生させることを繰り返すようになりました。

もう1つは，操作するスイッチ側での発展です。スイッチとの関係が確かなものになった電子楽器を，今度は別のスイッチにつないでみました。レール上の取っ手をスライドさせるタイプのスイッチで，レールの両端にスイッチがあるので，取っ手を端までスライドさせれば入力されるという仕組みです。

このスイッチの取っ手部分にAさんの手をガイドし，最初はこちらが一緒に手を添えてスイッチを入力して音を鳴らしてみました。自分の操作で音を鳴らせることは既に理解できていたので，Aさんは試行錯誤しながら手を動かして入力を試みました。既に獲得しているAさんの手の動きに合わせるように取っ手のスライド方向を調整してあげることで，Aさんの試行錯誤は意欲を削がれることなく実を結びました。そして，このスイッチでの入力を繰り返すうち，それまではみられなかった，取っ手を握って動かす様子もみられるようになりました。手前に引き寄せて入力するだけでなく，反対側のスイッチに気づくと，取っ手を持って押し出す動きもするようになりました。手の使い方そのものが発展していったのです。

4 本物の楽器を打楽器叩き装置で

肢体不自由特別支援学校中学部3年のBさんは，筋緊張のコントロールに困難さを抱えていました。音楽の授業で打楽器を演奏する際，例えば太鼓だったら「ばちを持って叩く」イメージはきちんともてていて自分で行おうとするのですが，やろうと思うと力が入りすぎてしまう場面がよくみられました。

打楽器の場合，叩いた時に力が入りすぎてそのまま手やばちを楽器に押し付ける形になってしまうことがあります。こうなると楽器の振動を止めてしまうので，音がうまく響かないわけです。

そこで，状況によってスイッチを活用した打楽器叩き装置を用いることにしました。

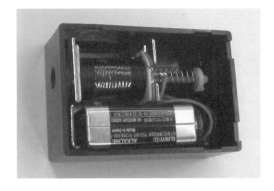

この装置は，市販の呼び鈴チャイムの中身に使われているソレノイドという電子部品を活用しています。スイッチ入力により電磁石となったコイルから金属棒が勢いよく飛び出し，その棒が打楽器を叩いて音を鳴らす仕組みです。冒頭の写真で示したようなセッティングをすることで，本物の打楽器をスイッチ操作で鳴らすことができるので，音楽の授業でも効果的に使うことができます。

スイッチ入力のたびに勢いよく棒が飛び出して打楽器を叩くので，自身の操作によって叩いている実感を得やすいのもこの装置の特長です。Bさんもスイッチで打楽器を鳴らすことに手応えを感じたようで，意欲的にスイッチ入力を繰り返していました。

ただ，Bさんの場合，活動に意欲的になればなるほど筋緊張が高まり，スイッチ入力においても動きの調整が難しくなる傾向がみられました。活動に対するイメージをもてているだけに，それを具体化できるような運動の微調整を学習できるとよいと思いました。

5 リラックスした状態で動きの調整を学習できる環境を整える

Bさんが自分で身体の使い方や動きの調整を学習できるよう，リラックスした状態で自発の動きを繰り返し，その結果を確認できる環境設定を考えました。

朝の自立活動の時間や給食前の時間などに排痰を兼ねてうつ伏せクッションでリラックスする場面があるので，その際に冒頭で紹介した電子楽器（ボンゴボンゴ）にスイッチをつないで，Bさんが一人で入力できるようセッティングすることにしました。

入力に用いるスイッチは，Bさんの自発可能な動きの中で，なるべく小さな動き，努力を必要としない動きで入力できるものを選びました。そして，自分のペースでスイッチ操作を繰り返し試みられるよう，シンプルでわかりやすい音をフィードバックに用いました。この設定においてBさんは，特に筋緊張を高めることなく，リラックスした状態でスイッチ入力を繰り返すようになりました。遊び感覚で気楽に行えるこのような場面設定が，実はとっても大事だということを，Bさんの事例は示してくれています。

特集 AAC再入門〜障害の重い子どもへのコミュニケーション支援〜

事例2
●スイッチトイ②
自分で写真を撮ってみよう！

福島県立郡山養護学校　渡邉弘規

1　はじめに

　肢体不自由のある子どもの中には，自由に身体が動かせないために，やりたいと思ったことができないという経験をたくさんする子どもがいます。

　「デジタルカメラで写真を撮る」こと，自分の撮りたいものを撮影し，記録として残すことはとても楽しいことです。写真を撮る活動は，子どもたちにとって興味関心をもちやすい活動です。しかし，肢体不自由があり，手を自分の思い通りにコントロールすることが難しい子どもたちにとっては，デジタルカメラを持ってシャッターの小さなボタンを押すことは意外に難しく，もしボタンを押せたとしてもタイミングがずれてしまったり，本体を動かしてしまい，被写体がぶれて写ってしまったりすることが多くあります。

　そこで，DCソレノイドを使ったシャッター押し装置を使って写真を撮る活動に取り組みました。DCソレノイドは，コイルに電気を流した時に生じる磁力によりコイルの中に通した金属棒が引っぱられる仕組みのものです。その力を利用してシャッターを押す仕組みの装置（写真1）を作りました。

　（『障がいのある子の力を生かすスイッチ製作とおもちゃの改造入門』畠山卓朗監修・マジカルトイボックス編著，2007，明治図書，P102〜P108参照）

写真1　シャッター押し装置

　デジタルカメラをシャッター押し装置・Wクリップに固定し，棒スイッチを接続しました。装置とスイッチを電動車いすや車いすに固定しました。

　カメラを固定してスイッチでコントロールできるようにしたことで，ピントがぶれず，操作が容易になりました。今回は棒スイッチを使いましたが，その子どもの実態によってスイッチを替えることが簡単にできました。

　また，デジタルカメラは，液晶画面に撮る風景が映り，注目しやすく，「見る」学習にもなります。さらに，撮った画像をその場で確認できることも，写真を撮ったという実感につなげることができました。

2 事例について

(1) 対象学級の実態

小学3年生，男児2名の学級。音楽，体育，日生，生単，自立，特活の教育課程で学習を行っています。

A児は，混合型の脳性まひです。一人で座位を保持することは難しいが，座位保持機能のついている電動車いすを使用することで，腕や手をぎこちないながらもコントロールすることができ，自分で操作して好きな場所へ行くことができます。

スイッチと出力先との因果関係を理解しており，棒スイッチでVOCAやおもちゃなどを動かすことを楽しむことができます。

写真を撮るという活動についても理解しており，教師と一緒にシャッターを押して写真を撮ると，とてもうれしそうです。

B児は，失調型の脳性まひです。一人で座位を保持することができるため，座位保持機能のついていない車いすを使用しています。本人が対象物に意識を向けることができれば，手や腕をコントロールしてスイッチを動かすことができます。車いすの自操は少しだけできますが，好きな場所へ行くほどではありません。

スイッチと出力先との因果関係はまだ理解は難しいですが，短い時間であれば，絵本や画面などに注目することができます。

教師と一緒に写真を撮ると，液晶画面を見て少しうれしそうな表情をすることがあります。

(2) 写真を撮りに行こう！

A児は電動車いすを自分で操作して，B児は車いすを押してもらいながら，写真を撮りに行きました。(写真2)

最初はA児，B児ともに何回もスイッチを押してしまい，連続して写真が撮られていましたが，徐々に慣れてくると，A児は撮りたい場面でスイッチを入れて写真を撮ることができるようになりました。B児は画面をよく見ながら手でスイッチを入れることができるようになりました。

写真2　エレベーターで鏡越しに写真を撮っている様子

(3) みんなとのコミュニケーション

写真を撮りに出かけると，見たことのない装置を取り付けて出かけているので，先生方や他の学級の友だちたちがそれに興味を持って近寄ってきました。

近寄ってのぞきこんだところを「パチッ！」，普段はカメラを向けると緊張してしまい笑顔の写真が撮れない友だちも「パチッ！」，教師が撮るのとは明らかに違う目線の写真を「パチッ！」，通りがかりの先生を「パチッ！」…などと楽しい写真をたくさん撮ることができました。先生方も友だちも，子どもたちが写真を撮っているので，構えることなく自然な笑顔を見せてくれました。

また，普段はなかなか出会わなかったり，

あいさつ程度で終わったりしていた方たちとも，一緒に撮った写真をその場で見ながらたくさんコミュニケーションをとることができました。

撮ってきた写真は，早速教室に帰ってからテレビに映し出して見ました。撮ってきた写真が映り，活動を振り返ることで，写真を撮ったという実感を得ることができました。

(4) ギャラリーしんしゅう（下部写真）

せっかく撮ってきた写真ですので，みなさんにも見てもらうことにしました。2人の名前から「ギャラリーしんしゅう」と名付け，学級通信の毎号にコーナーを設けて，よく撮れた写真を載せました。

保護者の方々は，本人たちが自分の力で撮ったということで，とても喜び，本人たちのことをほめてくれました。

教室の前の壁には，大きな段ボールに模造紙をはった掲示板を設置し，そこに2人が撮った写真をはっていくようにしました。先生方や友だちも2人の撮った写真を楽しみに見てくれ，2人のことを「すごいねー！」と認めてくれました。

子どもたちは周りの人たちから認められることで，自己有用感を得ることができました。

(5) 活動を行って…

A児にとっては，一人で自由に電動車いすで好きなところへ行き，自分の好きな写真を

◎2人が撮った写真（ギャラリーしんしゅう）

撮ってくることで、今まで経験したことのない自己選択・自己決定の機会となり、毎回この活動を楽しみにするようになりました。そして、自分で表現する喜びを味わうことができたようです。

B児は、この活動を行ったことで、画面を注視したり、よく見て手でスイッチを入れたりすることができるようになりました。そして、何よりもこの活動を通して撮影に行った場所や「ギャラリーしんしゅう」でたくさんの方々とコミュニケーションをとれたことがとてもうれしく、それまで以上に人とかかわることの楽しさを知ることができました。

3 写真を撮るための他のシステム

◎タブレットのカメラ機能

タブレットを固定し（自分で持って）、カメラ機能を使ってシャッターボタンをタップすることで写真が撮れます。今回の事例のように直接触って撮ることが難しいけれどもスイッチを使うことで撮ることができるのであれば、シャッターボタンのところに「i＋Padタッチャー」（アシステック・オンラインショップ http://assistech.lab.com）（写真3）を取り付けて、スイッチを接続すれば、簡単に写真を撮ることができます。（写真4）

画面も大きく、見やすいので、子どもたちも注目しやすく、また、撮った写真を確認する時にもその場で簡単に確認できるので、とても便利です。

また、画面のどこをタップしても撮影できるアプリ（1Shoot）などもあります。

写真3　i＋Padタッチャー

写真4　iPadとi＋Padタッチャー

4 おわりに

「自分で写真を撮る」ことは、身体を自由に動かすことができれば簡単なことです。しかし、それができない子どもたちにとって、「自分で行うことができる」、「思ったように表現できる」ということがうれしく、とても貴重な経験となりました。このような経験がたくさんできるように、支援する者が環境を整え、「できる」状況作りをしていくことが大事なのだと、改めて感じた取り組みでした。

※写真掲載に当たっては、保護者や当人の了解を得ています。

特集 AAC再入門～障害の重い子どもへのコミュニケーション支援～

実践事例編

事例3

● スイッチトイ③

パワーポイント教材で朝の会を「子どもたちが主役！」の時間に

香川県立高松養護学校　荒井桂子

1　パワーポイント教材で朝の会！

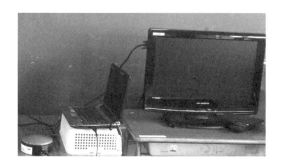

上の写真は、私が実践した朝の会のセッティングの一例です。パワーポイント教材を使えば、朝の会を「子どもたちが主役！」の時間にできます。スイッチをパソコンにつなぐだけで、子どもたちが自分で司会や発表をすることができるようになります。子どもの注目を引くための効果音や指導者の声を録音しておけば、いつも同じように繰り返して使うこともでき、重度の知的障害があっても見通しがもちやすくなります。パワーポイント教材にはこのようなよさがあるのです。

2　なぜ朝の会なの？

学校で行われる学習にはいろいろありますが、なぜ朝の会なの？とお感じではありませんか。朝の会は、大抵どこの学校でも実践しており、毎日繰り返し行うものです。毎日行うということは、学習の積み重ねができ、別の場面での般化を期待することができるということです。また、司会、音楽係、給食の献立発表など児童生徒が活動できる内容を設定しやすいということもあげられます。そのような理由から、朝の会は重度重複障害の子どもたちが活躍できる時間の一つであると考えています。

3　どんな流れの朝の会なの？

では、ここでは実際どんな流れで朝の会をしてきたのか、実際のスライドの画像と音声の台詞で説明したいと思います。

※Ⓟ…パワーポイント教材での録音音声。
※イラストはボードメーカー（アクセスインターナショナル社）のピクチャーコミュニケーションシンボルを使用。

① 号令

A児（司会）：Ⓟ「朝の会をはじめます。」
　　　　　　：Ⓟ「気をつけ。」
　　　　　　：Ⓟ「礼。」

② 出席しらべ

A児：Ⓟ「出席しらべです。Ｃさんお願いします。」
C児：Ⓟ「○○さん。」……
　　：Ⓟ「これで出席しらべは終わります。」
（発表が終わるとＴ１はＣ児を評価する。）

③ 朝の歌

A児：Ⓟ「次は朝の歌です。（音楽係の）Ｂさんお願いします。（朝の歌の前奏が流れる）」
（歌が終わるとＴ１はＢ児を評価する。）

④ 今日の予定

A児：Ⓟ「次は今日の予定です。Ｂさん，お願いします。」
（発表が終わるとＴ１はＢ児を評価する。）

⑤ 天気発表

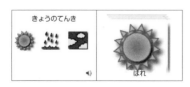

A児：Ⓟ「次は天気発表です。○○先生，お願いします。」

Ｔ１：「はい。」
　　：「今日の天気は……。」
　　：Ⓟ「～ジャカジャカジャカ～」
　　：「晴れです。」

⑥ 給食の献立発表

A児：Ⓟ「次は給食の献立発表です。Ｃさん，お願いします。」
※（発表が終わるとＴ１はＣ児を評価する。）
Ｔ１：「それでは，Ａさん，続きをお願いします。」

⑦ 先生の話

A児：Ⓟ「次は先生の話です。○○先生，お願いします。」
Ｔ１：「はい。」（今日の話をする。）

⑧ おたのしみ（歌遊び「握手マン」）

A児：Ⓟ「次はお楽しみです。○○先生，お願いします。」
Ｔ１：「はい。（キーボード準備）」
Ｔ２（握手マン）：「あくしゅまんがやってきた…さあ誰のところかな～。」
　　：Ⓟ「～ジャカジャカジャカジャカ～ジャン！」

（児童と握手マンがやりとりする。）
A児：Ⓟ「次は○○先生，お願いします。」
T1：「はい。」

（T1は司会のA児の評価をする。）

⑨　号令

司会（A児）：Ⓟ「朝の会を終わります。」
　　　　　：Ⓟ「気をつけ。」
　　　　　：Ⓟ「礼。」

　これで，朝の絵が終わりです。どうだったでしょうか？　指導者の言葉かけの数がとっても少ないことに，お気づきになられましたか？

4　環境設定のポイントは？

　朝の会に限ったことではありませんが，授業づくりを行っていく上で大切なことの一つに，環境設定があげられます。ここでは，私が朝の会をするにあたって大学の先生からご助言いただいた環境設定の内容をまとめて紹介します。

> **チェックポイント①**
> 児童が集中しやすい環境か。

　パワーポイント教材を提示しても，テレビ画面に子どもが集中できない環境ならば意味がありません。そこで，次の2点に注意しました。

□授業の際，児童の視線に入る位置には注意がそれるものを置かない，貼らない。
□黒板に提示するものは必要なものだけにする。（時間割，給食献立，出席調べ写真カードなどいろいろありますが，なるべくシンプルにし，必要なときだけ提示する等）

> **チェックポイント②**
> 児童は他の児童の動きや教材等に注目できる位置にいるか。

　せっかく係活動をしても，他の児童に見てもらえないなら，やりがいも半減です。みんなが見ている前で自分の役割をやり遂げることも大切なことの一つです。

□半円状に並び，どの児童からもよく見えるようにする。
□係活動を遂行する児童は前に出てくるようにし，誰が何をしているのか他の児童も注目できるようにする。

> **チェックポイント③**
> 指導者は児童とのやりとりを行う上で適切な場所にいるか。

　係の活動をしていて困ったとき，自分の順番になったことを指導者に伝えたいとき，そのようなときにすぐ呼べる位置に指導者がいるかどうかはとても大切です。

□児童の後方にいるのではなく，T1，T2は児童からも指導者からもお互いに顔を見ることができるように位置する。

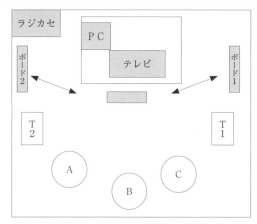

教室の環境設定

　以上のようなことに注意しながら教室の環境設定を行いました。実際の設定は上図のとおりです。

5　主役になることで見せてくれた子どもたちの成長

　パワーポイント教材を活用し，環境を整えていくことで，「子どもたちが主役！」の朝の会ができるようになってきました。ここでは，「ぼく・わたしが主役！」を経験してきた子どもたちがどのように変わってきたか，紹介したいと思います。

◆見て！主役になったA児

　司会係のA児は，最初はパワーポイントの表示を見ずにどんどんスイッチを押すことがありました。でも，自分が操作したスライドがきっかけとなって，指導者や友だちがそれぞれの活動を始めるということがわかってくると，自分でスライドを見て確認し，画面上で指導者や友だちを呼ぶ時には，それぞれの顔をよく見て声を出して呼ぶことができるようになりました。

◆聞いて！主役になったB児

　授業中，顔を伏せていることが多かったB児。でも，大好きなラジカセを鳴らす係になると，司会者のA児がスライドでB児の名前を呼んだり，音楽がスライドから聞こえてきたりするだけで，自分からラジカセの場所に移動し，スイッチを押すことができるようになりました。ラジカセの係をやり遂げた後は，得意そうな表情でみんなの元に帰ってきます。

◆わかって！主役になったC児

　自分の名前が呼ばれてもあまり意思表示がなかったC児。音楽が大好きなので，音楽に合わせた活動を朝の会の最後にお楽しみとして取り入れました。スライドで名前を順番に呼び，名前が呼ばれると指導者が目の前に来て握手をする，という活動です。スライドの画面上でC児の名前を呼ぶと，それがわかって，表情を緩ませてうれしそうにし，指導者が来てくれるのを期待して待つ様子が見られるようになりました。

6　おわりに

　このようにパワーポイント教材を使うことで，子どもたちが見て，聞いて，わかってできる「子どもたちが主役！」の朝の会をすることができるようになりました。ただ，使う前には子どもたちが今どんなことに意識を向け，何に興味があるのか，等ということを理解しておく必要があると感じます。今後も子どもたちが「わかって」「できる」ためのあと一歩を支援できるICTの活用の方法を考えていきたいと思います。

事例 4
● iPad ①

iPad を活用したコミュニケーションの指導

長崎県立諫早特別支援学校　西村大介

◆電子楽器を外部スイッチで鳴らせるように改造

iPad は机や車椅子等にタブレットパソコン用のアームでしっかりと固定して使います。防水・耐衝撃性のケースに入れて活用している児童生徒もいます。

[ねえ，きいて。]…4つのカードを提示して再生することができるコミュニケーションアプリです。
[タッチ！あそベビー]…画面に触れるだけでできる簡単なゲームがたくさん収録されています。
[Keynote]，[PowerPoint]…プレゼンテーション作成用のアプリですが，児童生徒の実態に応じた教材を作成することができます。

アプリケーション

ねえ，きいて。　タッチ！あそベビー

Keynote　　　PowerPoint

i + Pad タッチャーを使うと，直接画面をタップすることが難しい児童生徒でも使い慣れたスイッチを使って iPad を操作することができます。

1 本校におけるiPad活用

　諫早特別支援学校では平成25年度よりiPadを導入し，障害特性に応じたICT機器の活用について研究しています。教科の学習時には，インターネットに接続して調べものをしたり，書くことに障害のある児童生徒が画面上のキーボードでノートをとったりしています。また，障害が重複している児童生徒は，自立活動の時間に，マッチング課題ができるアプリを使ったり，触れると音や動きが出るアプリを使って，自分の働きかけと画面の変化等の因果関係を理解する学習を行ったりしています。本事例では，重複障害のある2人の児童に対し，iPadを使ってコミュニケーションの指導を行っている様子を紹介します。

2 よりよいコミュニケーション手段の獲得に向けて

　Aさんは，歌が好きで，教室にあるCDをかけてほしい時は，担任の教師が曲を流すまで泣いてしまいます。横になりたい時などに不快を表すだけでなく，遊びをもう一度したい時など必ずしも不快ではない時にも泣いてしまうこともあり，自分の意思を伝える手段として「泣くこと」を使っている様子が見られました。そこで，担任の教師は，よりよいコミュニケーション手段を獲得し「泣くこと」以外の方法でも伝えることができることを目標に，iPadとスイッチを使った学習に取り組み始めました。歌が流れるアプリの再生ボタンにi+Padタッチャーを貼り付け，Aさんが腕を大きく動かして接続されたスイッチを押すと大好きな曲が流れるようにしました。始めは教師がスイッチを押して再生し，いっしょに歌を楽しむようにしました。数回目に意図的にスイッチを押さないようにすると，再生してほしいことを泣いて伝えてきました。そこで，教師がAさんの手をとりスイッチの位置まで誘導し，いっしょに押して再生するようにしました。数回繰り返すと，手への援助をやめても，歌が止まると，何とか手を動かそうとする様子が見られ始めました。緊張してうまく上肢を動かすことができない日もありましたが，徐々にスイッチのある位置まで手を伸ばしたり，スイッチを押したりする動きがスムーズになり，泣かずにスイッチを押すことができるようになりました。

　今後は，スイッチを押すとすぐに音楽が再生するのではなく，「お願い」や「手伝って」などの依頼するための音声が流れるようにし，その音声が出た後に好きな歌を流すことで，本児に泣かなくてもスイッチを使うことで要求が伝わるということに気づいてほしいと考えています。また，音楽の再生以外にスイッチを使って伝えたり，できることを増やしたりすることができないかを検討しています。

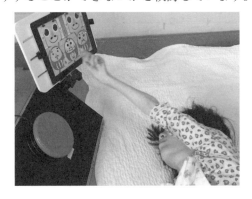

3 iPadをVOCAとして活用する

　iPadの操作に慣れてきた児童生徒の中に

は，VOCAアプリを使ってコミュニケーションをとる学習をしている児童生徒もいます。

　Bくんは，声を出すことはできますが，明瞭な発音が難しく，音声での会話は難しいため，写真カードの中から呼びたい友だちの顔を選んだり，やりたい活動を選んだりするなど，カードで自分の意思を伝える学習をしてきました。ただし，カードが設定されている場面は限定されていて，ほとんどの場合は聞かれたことにうなずいたり，手を動かしたりして返事をすることでコミュニケーションをとっていました。

　そこで，iPadのコミュニケーション用のアプリを使うことでより主体的なコミュニケーションができないかを検討しました。

　Bくんは，以前からスイッチトイなどのメカニカルな教材が大好きで，スイッチを押すと歩く恐竜のおもちゃを使った学習に大声を出して喜びながら取り組んだり，教師が初めてiPadを見せた時もとても関心を示したりしました。また，家族がスマートフォンを操作する様子を見ていたようで，すぐに画面をスワイプしようと指を横に動かしていました。そこで，触れると画面が変化する簡単なゲームアプリの「タッチ！あそベビー」を使わせてみると，まひが軽い方の手をうまく使いながら，タップやスワイプの操作ができるようになりました。指をまっすぐに伸ばすことはできず，関節や手の平が画面に触れてしまうこともありますが，自分のできる範囲の動きでうまくタップやスワイプをすることができるようになりました。

　iPadの操作に慣れることができたので，パソコンのプレゼンテーション作成のアプリを使って音楽を再生できる教材を作成し，iPadのアプリを使って朝の会の中で朝の歌をかける係をしてもらうようにしました。学級の中で大好きなiPadを使って役割を果たすことができ，とても満足そうにしていました。

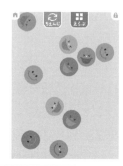

動きや音が楽しい「タッチ！あそベビー」

プレゼンテーション作成用のアプリで作成した音楽再生教材。画面に触れると音楽が流れます。再生された曲は実物のCDデッキにBluetoothで接続しています。

　その後，担任の教師と話し合い，より円滑なコミュニケーションのために発音やカード選択の学習と合わせて，iPadのVOCAアプリの指導を行うことにしました。カードの学習を重ねていたAくんにとってわかりやすいと思われた「ねえ，きいて。」を使いました。ここでも学級の中で何か役割を果たすことができないかと考え，毎朝の健康観察係をしてもらうようにしました。「健康観察簿を持っ

て来ました」という音声を入れると電動車いすを使って保健室まで行き、養護教諭の前でひとりで再生することができました。

　また、休憩時間等にiPadを自由に使うことができるようにしていると、自分で「ねえ、きいて。」内のいろいろなボタンを押して楽しむ様子が見られました。これがよかったのか、数週間後には、教えられていないのに保健室を出る時に自らボタンの階層を切り替え、「さようなら」のボタンを探し出して挨拶し、周囲の教師を驚かせました。また、校外学習時には、iPadを使って写真を撮り、振り返りの時間に自ら写真を呼び出して確認する様子も見られたり、教科の学習時のスライド教材も自分で立ち上げたりと、大人顔まけの操作を身につけつつあります。

4　代替手段（AAC）の獲得に向けて

　少しずつ機器類の操作が上手になってきた2人の事例を紹介しました。iPadが障害のある児童生徒のコミュニケーション手段としてとても有効な機器であることは間違いありませんが、忘れてはいけないポイントがあります。Aさんの事例では、私が指導に入る前の時間に担任教師が十分に体幹や上肢の緊張を緩めて機器操作がしやすい姿勢づくりをされていました。また、Bくんの事例では、これまで培ってきた写真カードの理解がよりスムーズな機器の導入につながっていました。特に障害の重い子どもたちが機器を操作しようとするときは、操作姿勢や認知の特性など自立活動をはじめとする他の学習との関連や機器自体を操作するための支援技術の必要性も考慮しなければならないと思っています。また、学校だけでなく、いつでも使えるコミュニケーション手段の獲得に向けては、保護者との連携が欠かせません。本校では保護者向けの機器活用研修会に取り組み、学校と保護者が一体となって障害のある児童生徒のコミュニケーションについて考え始めたところです。

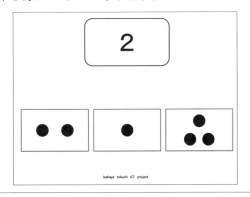

プレゼンテーション作成用のアプリを使って、色や形、数のマッチングなど、児童生徒の実態に応じた教材の作成ができます。

保護者を対象としたICT機器の活用研修会には、他校の保護者も含め多くの方に参加していただいています。

事例 5
● iPad ②

iPadを使った見ることを支える実践例

東京都立永福学園肢体不自由教育部門　松本健太郎

子どもは，iPadをよく見ます。見る学習に有効な楽しいアプリも豊富です。

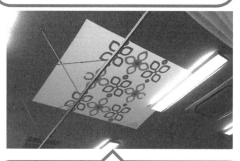

グループでiPadを楽しむ時，プロジェクターに接続し天井に画面を映すことも有効です。仰向けの姿勢は，頭部を支える負担が軽減でき，見ることに集中できます。

★見る学習に有効なアプリの紹介

シンプル，ハイコントラスト，明確なフィードバックがキーワードです。
- Little Bear Sees Tap-n-See Now（下写真）
- KneeBouncers Vol1
- キラキラ
- Baby Tap HD
- Pocket Pond
- Cause and Effect Sensory Light Box
- こども視覚シミュレーション
- Baby Symbolizer
- Baby-Silencer
- iBabySeeRuby
- Cosmic Top
- BrightStartBaby
- Baby Rattle Toy

1 視覚活用の重要性

　子どもと教育的な関わりを始める際に，何から手をつけてよいかわからず困ってしまうことがあります。しかし，子どもたちは支援者以上に日々困りながら生活しています。経験や知識の違いで，支援する側の困り方も人それぞれ違いますが，子どもたちの困り方も多種多様です。「見えにくさ」もその一つです。

　情報の約8割は，視覚から得られると言われています。視覚情報は，自分と外界のやりとりを支える土台となり，**魅力的な外の世界**に気づき，自分の生活する範囲を広げていくための原動力となっています。しかし，ものを見る仕組みは大変複雑で，脳の多くの部分を使います。そのため，脳に何らかのダメージがあると，見る仕組みにも影響が出ます。このことは，見えにくさがある子どもが盲学校以外の特別支援学校にも多く在籍している，そして，個々の見えにくさの原因や状態は様々であるが，通常の環境下では視覚情報を活用できないケースが多くある，ということを伝えています。よく見える人には想像しにくいことですが，視覚情報が得られないということは，生活場面，学習場面ともに深刻な影響を与えます。子どもの側では，他者とやりとりを始めるための土台となる「どこ」「だれ」「なに」などの情報が得られなかったり，相手の表情がわからないなど自分の行為に対するフィードバックが適切に受信できなかったりします。その結果，何も見えずわからないので外からの情報の受信を諦めてしまう，発信してもその結果を受信できないので発信をやめてしまう，ということが起こります。やがて，外の世界への興味関心が失せ，自分の世界だけに閉じこもってしまうことが考えられます。保護者や教員の側では，話しかけても無表情，突然泣き出す，人にもものにも興味関心がないように見えるなどのことで，子どもと積極的に関わろうとする意欲が下がり，大切なやりとりの質も量も低下してしまうことが予想されます。しかし，逆に上記の部分を丁寧に支援すれば，子どもとの生き生きとしたやりとりが増えるはずです。

　以下，iPadの利用を例にとり，一人一人の子どもの見えにくさに応じて環境を整えることで魅力的な外の世界への気づきを促し，活動への興味や参加する意欲を引き出すための実践について述べていきます。

2 iPadをよく見る子どもたち

　子どもたちは，iPadをよく見ます。これは，私自身が子どもの学びを支える中で実感していることです。また，「人にも，ものにも注目しなかった子どもが，iPadを提示するとじっと見ていた」など，視覚活用を促す教材としてiPadを高く評価する報告も数多くあります。

　以前，プロジェクターを使った授業で，映像が映し出されたスクリーンではなくプロジェクター本体の強い光を覗き込むように見ている子どもがいました。その子どもは，配慮のない環境下では，人にもものにも注目することが難しい様子でした。このように見えにくさの程度が重く，そのまま実物を提示しても注目が難しい場合には，見る対象物をライトボックス（レントゲン写真などを見るときに使う下から照らす照明装置）にのせて提示

実践事例編

するとよく見てくれる場合があります。iPadはそれ自身がライトボックスです。これが，見えにくい子どもがiPadによく注目する最大の理由だと言えます。

美術の授業には，完成させた作品をお互いに鑑賞する時間があります。実物を提示しても見てくれない子どもに，iPadのカメラ機能で作品の写真を撮って提示するとよく見てくれることがありました。これは，iPadの**ライトボックス効果**と，対象物の見やすい位置での提示によるものと考えられます。さらに，その時はピンチアウト（二本の指で画面を押さえ，その指の間隔を広げる動作）して映像を拡大し，細部までじっくり観察することができました。同様に絵カードを提示する場合も，iPadで提示した方が注目しやすい場合があります。美術の作品も絵カードも，実物のよさはもちろんありますが，見えなければ子どもにそのものの魅力は伝わりません。教育的働きかけの中では当たり前のことですが，提示されるすべてのものが子どものわかるもの，見えるものでなければなりません。

対象物をある一定時間注目することや動いている対象を目で追うことなどが難しい子どもが視覚情報として受信しやすいものは，情報量が多くなく**シンプル**で，見てほしいものが背景から浮き出るような**ハイコントラスト**のものです。さらに，子どもの働きかけに対してわかりやすい**フィードバック**も必要です。4で紹介するように，iPadのアプリには，見やすい条件の揃ったものや，映像とともに音声で楽しめるものが豊富にあります。視覚を活用するための基礎となる「対象物にある一定時間注目し楽しむ練習」を積み重ねることができます。教材に必要な豊富さには，スモールステップを丁寧に踏むことができる課題レベルの豊富さと，いろいろな形で同じレベルを飽きずに十分練習できるバリエーションの豊富さがあります。iPadアプリの強みは，この両方が備わっていることです。

また，知識は見ることを助けます。「何か」わかって見るのと「何か」わからないで見るのとでは，対象物の把握に大きな差が出ます。見えにくさなど感覚の使い方に制約がある子どもは，配慮のない環境下では，普段の生活の中で何気なく見聞きしながら知識を得ること（**偶発的学習**）が困難です。そのため，通常は当たり前のことと考えられることでも，意識して学習（**意図的学習**）する機会を作る必要があります。普段の生活の中で，これから起こることや周りの状況を音声などで丁寧に予告や説明をすること，実際にいろいろな体験をしてもらうこと，などと合わせて，写真や動画をiPadで提示しながら知識を増やしていくことは有効です。

グループでiPadアプリを楽しむ実践例も一つ紹介します。「Lightning－VGAアダプタ」などを使ってiPadをプロジェクターに接続し，天井をスクリーンにして画面を映します。子どもたちは，仰向けまたはクッションチェアなどに角度をつけた状態で天井が見えるようにします。以前，大型テレビを使い座位で見ていた時には，午後の授業ということもあり寝てしまう子どもがいたのですが，その子どもも天井スクリーンにしてからは最後まで映像に注目し，楽しめることが多くなりました。見やすい環境を整える要素として，姿勢は重要です。自分で姿勢を保持するだけ

で精一杯の場合，何かを見るどころではなくなります。身体（特に頭部）を支える負担を軽減する方法として，仰向け姿勢は見るのによい姿勢です。前述の子どもは，座位では身体を支えることに疲れてしまい，見るのを諦めて寝てしまったのかもしれません。

見やすい環境を整え日々丁寧なやりとりを積み重ねていくと，ゆっくりでわずかかもしれませんが，確実に子どもに変化が起こります。

映画館のスクリーンに注目して楽しめるようになった，好きな先生を目で追うようになった，教員と視線が合うようになった，笑顔など表情が豊かになった，などは，閉じこもっていた自分だけの世界から魅力的な外の世界に気づき，他へ働きかけていく様子が，誰にでもわかる形で始まったと言えます。

3　アクセシビリティ

感覚の使い方や運動のコントロールに困難さがあると，本人が意図しないにもかかわらず，様々な誤操作が起こり，目的の活動にたどり着けない場合があります。iPadには目的の操作をスムーズに行えるような様々な援助機能があります。ホームボタンを無効にすることや，画面上の特定のエリアでタッチしても動作しない範囲を設定できる**"アクセスガイド"**もその一つです（「設定」→「一般」→「アクセシビリティ」→「アクセスガイド」の順にタップして設定します。インターネット上に操作方法が詳しく紹介されていますので検索してみてください）。アクセスガイドを使うと，誤操作によりアプリが終了することや，必要のない時にメニューが出たりすることを防ぎ，本来の活動を楽しむことができます。機器の操作に苦手意識があると，機能の豊富さがかえって負担となる場合があります。そのような時でも，効果の高いものを1つだけ確実に使えるようにすることで支援をスタートできるはずです。

4　アプリ紹介

前述の通り，iPadは視覚活用を促す教材として高く評価され，アプリも豊富にあります。視覚障がいというと主に眼球の問題と思いがちですが，眼球などの視覚情報を伝える経路に明らかな異常がないにもかかわらず，見えているかどうかの反応がわからない子どもたちがいます。この場合，脳の視覚解析系に問題があり，**中枢性視覚障害**（Cortical visual impairment,以下CVI）と呼ばれています。「全く見えないことは少ない」「まぶしさがある」「見ることに疲れてしまう」「見る反応に時間がかかる」「見やすい色がある」「動くものへの反応がよい」「周辺視野の反応がよい」などの特徴があり，その支援が重要な課題となっています。iPadとCVIの組み合わせで検索すると，インターネット上には視覚活用の学習に有用なアプリ（シンプルでハイコントラストな，フィードバックがわかりやすいアプリ）の紹介にたくさんヒットします。本稿冒頭に，見る学習に役立つアプリをいくつか紹介しています。支援をスタートするきっかけとなれば幸いです。

〈参考文献〉
佐島毅「視覚認知の基礎指導」「概念枠組みを作る指導」／大川原潔他編『視力の弱い子どもの理解と支援』教育出版，1999，86-113

事例 6
● iPad ③
「Sounding Board」と舌スイッチで意思伝達

東京都立八王子東特別支援学校　谷本式慶

1 iPadアプリ「Sounding Board」と舌スイッチで意思伝達

図1

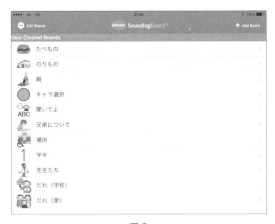

図2

「Sounding Board」は，挿入した写真・絵・シンボル等をタップすると音声を再生できるVOCA（Voice Output Communication Aids）アプリです。タブレット画面をタップできない場合でも，外部スイッチで操作することができます（別途Bluetooth接続スイッチインターフェイスが必要）。

図2の中に「親」「兄弟について」とあるそれぞれが，1つのボードです。この実践では，「他のボードへのリンク機能」を使用してやり取りを進めます。

まずは，図1のボードで，いい話なのか嫌な話なのかで共感します。その後，その出来事は学校のことなのか，家のことなのか，学校なら先生とのことか，友だちとのことか，というように進んでいきます。

舌スイッチを使用し，オートスキャンで読み上げられる音声を頼りに操作をしている事例を紹介します。

※本事例の対象生徒の写真掲載に当たっては，本人，保護者の了解を得ています。

2 対象生徒について

対象生徒は，肢体不自由特別支援学校に通う中学部3年生です。書字や発声が難しく，身体的には不定頸，座位保持不可で全介助の生徒です。舌を出してYesの意思を伝え，舌を鳴らして吸引やトイレを伝えます。

気管切開（2年前），不随意運動や緊張を伴う全身の過伸展，頸部の強い緊張で頭部のコントロールが難しい（大きく傾いたまま戻せない），といった身体の状況があり，視力は，絵やシンボルによる二者択一（10cm四方のカード，TVモニターでの提示等）が可能であるものの，見え方は体調や緊張の度合いに左右されます。そのため，視覚的なものを常に視認することは難しい状況です。聴力はとてもよいです。

理解面では，身の回りの人や物，日常生活に関することはよく理解していて，簡単なお話を聞いて主人公の心情に相応しい選択肢を選ぶなどができます。自分の名前に入っているひらがなは読めます。

通常の学習は，会話や自力移動がほぼ全員できる合計9名のグループで行っており，自分からの発信が難しいために生徒間では一方通行のコミュニケーションとなることが多い状況です。自分の気持ちや考えを伝えられないときに，悔しさに涙を流すこともあります。

3 自ら発信して双方向にコミュニケーションができる手段の獲得を目指す

(1) 通常のコミュニケーション方法

対象生徒の通常のコミュニケーション方法は，相手が選択肢を音声で提示して，それにYesで答える，というものです。この方法は，自分の気持ちや考えに相応しい選択肢が提示されるまでNoを伝え続けることになります。Yesとなる選択肢にたどり着けるときはまだいいのですが，努力の結果，何も伝わらないことも少なくありません。また，うまく伝わる相手は非常に限られます。伝えられると達成感を得られ，身体もよい状態へと向かいますが，伝えられない場合には，感情の高まりと，それに伴う全身の強い緊張が生じます。この状況を変えるために，これまでシンボルや機器の導入を目指した取り組みもなされてきましたが，これというものに行きついていませんでした。

(2) コミュニケーションの改善

対象生徒が中学部1年になったときに筆者が自立活動コミュニケーション等担当となることで出会い，その時から担任とともに支援を始めました。対象生徒が自ら発信して双方向のコミュニケーションができるようになるには，

①タイミングのよい正確な操作性
②明確に認識できる選択肢

を整える必要があると考え，まず①のためにスイッチのフィッティングを行いました。

手指，腕，脚と操作可能な部位を探し，どこも操作できるようになりましたが，うまく動かせないこともあり，必ず意思を反映できるまでには到達できませんでした。そのため，中学部2年生から，

・ポイントタッチスイッチを改造したものを舌で操作
・視線で入力（マイトビー）

の2つの取り組みを開始しました。

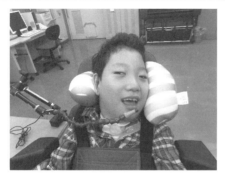

図3

図4

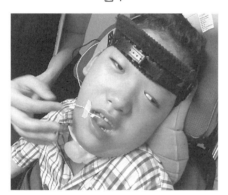

図5

質問に対する答えを提示された画像から選ぶ学習、などです。必要に応じて読み上げながら指さしで質問をし、教師がカーソルを合わせておきます。スイッチ操作をすれば選択となります。この方法が上手になり、中学部3年時の生徒による小学部児童への読み聞かせ

図6

図7

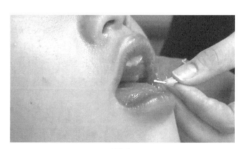

図8

図9

まず、ポイントタッチスイッチをそのまま使用しました（図3）。頭部が安定している場合には操作できましたが、スイッチが頭部の移動に追随しないために常に位置調整が必要でした。耳かけ式も検討しましたが、耳が強くヘッドレストにあたることがあるために不採用とし、頬に貼れるように先端を改造しました（図4、5）。これを使用して、VOCA、パソコンでの学習に使用していきました。学習内容は、すごろくゲーム形式の数学、お話のページをめくり質問に答える国語、などで、

会では，スクリーンに投影する絵本のページめくり担当を任されることになりました。舌スイッチを頰に貼り，合図に合わせて操作を行います。練習では装着したスイッチで，合図に合わせて完璧に行うことができました（図6）。当日はスイッチのエラーがあり，教師が手に持って行うこととなりましたが，大いに自信をつけることができました（図7，8，9）。

〈オートスキャン方式の導入〉

タイミングを合わせられるようになったら，オートスキャン方式（操作したときに決定される選択肢が，自動的に順番に変わっていく）が可能となります。オートスキャンができる機器は複数ありますが，ここではiPadを導入することにしました。

口頭で質問する際に，選択肢がランダムであった点はカテゴリー毎に修正していたので，質問をそのままボードにしていきました。

図2「聞いてよ」ボードの「いい話（笑顔）」を選択すると，次のボード「場所」へリンクします。「学校」を選択すると「だれ（学校）」ボードへリンクし，「友達・先生・それ以外」と選択肢が提示される，という具合です。これを使用して，だれについて伝えたいのか，ということまではできるようになってきました。オートスキャンの時間は，体調によって調整をしていますが，概ね3秒〜4秒程度で操作できています。はじめに「聞いてよ」ボードが来るというのは，担任が対象生徒の気持ちに共感をしてスタートするというメリットがあると感じています（図10）。

「Sounding Board」は表示が全て英語なので，英語が得意でない人にはとっつきが悪いのですが，使ってみると便利なアプリです。

ボードの作成は，英語の指示通りに進めていけばよいのですが，多くの人が最初に悩むのが，ボードが保存できない，という症状です。これは，画像や音声を入れたあとに画面上の左の矢印「⇦」をタップしているために発生します。作成したボードを保存したい場合には，必ず右の矢印「⇨」をタップします。これで，作成した内容が保存できます（図11）。

A君にとってのコミュニケーションはまだこのボードだけでは不十分ですが，選択肢を増やし，自らの発信による双方向のコミュニケーションができるように取り組みを続けていきたいと考えています。

図10

図11

事例 7
● VOCA ①
しゃべれなくても挨拶したり役割を担う

福岡市立南福岡特別支援学校　福島　勇

1　はじめに

VOCAとは，携帯できる音声出力装置の総称で，Voice Output Communication Aidsという4単語の頭文字から成る略語です。しゃべることが困難な人が，その装置のスイッチやキーに入力するだけで，本人に代わってしゃべってくれる電子機器です（図1）。

図1　VOCAの利用イメージ

VOCAには，装置に内蔵された音声合成機能を利用して音声を出力する機種（以下，「合成音声VOCA」と記します）と，あらかじめ録音しておいた音声を出力する機種（以下，「録音音声VOCA」と記します）があります。

(1)　合成音声VOCA

合成音声VOCAは，本体に文字キーボードが配列されており，1文字ずつタイプして作った文章をディスプレイで確認しながら合成音声で読み上げる機能があります（図2）。また，よく使う言葉や文章を登録しておき，呼出キーを押すだけで，登録しておいた音声を出力する機能を有した機種もあります。さらに，外付けスイッチに入力するだけで文字や単語をスキャニングして，目的の文字や単語を読み上げる機種もあります（図3）。

図2　キーボードを備えたVOCA

図3　外付けスイッチに入力するだけで文字を綴って音声を出力するVOCA

(2)　録音音声VOCA

録音音声VOCAは，1つのメッセージを録音／再生できる機種（図4）から，複数のメッセージを録音／再生できる機種（図5）まであります。複数のメッセージを録音／再生できる録音音声VOCAは，本体上にキーが配列されており，各キーに入力するとその

キーに録音されているメッセージを再生することができます。

図4　1つのメッセージを再生するVOCA

図5　複数のメッセージを再生するVOCA

(3) タブレット型情報端末機器

　タブレット型情報端末機器は，音声や文字を出力する機能やアプリがありますので，それを使えばVOCAとして活用できます。

2　VOCAを活用した事例の紹介

　肢体不自由特別支援学校である当校では，クラスに1～3台のVOCAが配布されていて，言葉がしゃべれない子やしゃべれても聞き取りにくい音声になってしまう子どもたちが様々な場面で活用しています。今回，個人の活用事例と学級という集団で活用した事例を紹介します。

(1) 「う～」としか言えないがVOCAがあれば挨拶できると周りから認められた高校生

　高等部のAさんは，歩行能力を維持・向上するために，小学部の頃から学校内の廊下や階段を毎日歩いてきました。はじめは，歩行器を使っていましたが，成長とともに下肢の力が強くなってきた中学部時代には，車いすや台車の押し手を持って歩けるほどになりました。その力を活かすべく，中学部時代は給食ワゴンを返却するという仕事をクラスの中で任されるようになりました。そして，高等部になってからは，何もつかまらずに歩ける距離や時間が長くなってきたので，学級に配布されるプリントを職員室から取ってくる仕事を任されています。

　毎朝，スクールバスから降りてきたAさんは，職員室に向かうのが日課です。その途中，他学年の児童生徒や先生，送迎する保護者など多くの人とすれちがいます。Aさんに対してだけではありませんが，子どもたちとすれちがう際，当校の先生方は「おはようございます」と言葉で挨拶します。しかし，Aさんからは何のリアクションもなく，付き添っている担任の先生がAさんの代わりに挨拶を返すという状況でした。なぜなら，Aさんは「う～」としか言えませんし，その発声は返事や挨拶など何らかの意思を伝える手段として使っているわけではないからです。したがって，Aさんは【誰もがわかるような表出手段を持たない】という評価をされていました。その結果，Aさんとすれちがう人たちは，「おはようございます」と挨拶はするものの，Aさんからの返答を待つこともなく通りすぎて行きます。この状況は，小学部に入学してきた頃とほとんど変わっていません。この11年間，歩くことだけでなく，紙漉き作業のミキサーを作動させるスイッチ係も担当できるようになってきたAさんに「卒業までに自分から挨拶する力をつけさせたい」という相談が担任の先生方から寄せられました。

　そこで，「おはようございます」という言

…実践事例編…

葉を録音したVOCAをAさんに持たせてみることにしました。物をずっと持ち続けるのは難しいと判断し、VOCAを取り付けたベルトを腰に巻き、「おはようございます」という挨拶ができるようにしてみました。VOCAに録音した音声は、聞いた人が振り返るぐらいに気づいてもらうため、甲高い声の小学部女子児童に頼んで録音してもらいました。

はじめAさんは、付き添う先生の手添えでVOCAのスイッチを押して、「おはようございます」と挨拶しながら歩いていました。すれちがう人たちは、Aさんが挨拶するはずがないと思っていますから、Aさんの方向から声が聞こえてきたことに驚くばかりです。なかには、あわてて挨拶を返す人の姿も見られました。

その取り組みが2〜3日続くと、それまで「おはようございます」と挨拶するだけで通りすぎて行った人たちが立ち止まってくれるようになり、「Aさん！VOCAで挨拶してよ」と言うようになりました。つまり、Aさんは【挨拶できない人ではなく、挨拶できる人】として認められるようになったのです。次第に、付き添っていた担任の先生の手添えなしに、Aさんは自分からスイッチを押すことが増えてきました。

1ヶ月後、Aさんのベルトに2台のVOCAを取り付けるようにしました（図6）。右側のVOCAには「おはようございます」という音声を録音しておいて、すれちがう人との挨拶に用います。左側のVOCAには、スイッチを押すたびに「失礼します。高等部3年○組のAです。プリントを取りに来ました」「失礼しました」という音声が出力されるように録音しておいて、職員室に入退出する時の挨拶に用います。

図6　2台のVOCAを使い分ける

職員室で仕事をしている先生方も【挨拶ができるAさん】ということを次第に認めるようになり、「どうぞ」と返答してくれるようになりました。AさんがVOCAで挨拶しないまま職員室に入った時には、「聞こえませんでした。もう一回やり直してください」という厳しい声も聞かれるようになり、それに呼応してVOCAのスイッチを押して挨拶するAさんの姿にも驚かされます。

(2) 各自の意思表出能力に応じたVOCAを活用している小学生の重度・重複障害学級

6人の児童が在籍している小学部のB学級は、それぞれの意思表出能力に応じたVOCAを活用して朝の会や帰りの会に取り組んでいます。C女は、写真・絵カードの中から選ぶことや、直径約5cmの円形スイッチやiPadのディスプレイを人差し指で操作することが得意ですが、意味のある発声はありません。D男は、写真・絵カードの中から選ぶことや直径約10cmの円形スイッチを押すことが得意ですが、意味のある発声はありません。「あ〜」と声を出して返事ができるE男は、直径約5cmの円形スイッチを手掌で押したり、人差し指でiPadにタップしたりすることが得意です。F男は、握らせても

らった棒を動かすことが得意ですが，意味のある発声はありません。聞き取りやすい発話ができるG女は，スイッチ入力だけでなく，人差し指でiPadにタップ＆スワイプすることが得意です。H女は，発話はできないものの，文字や言葉の意味を理解しており，iPadのひらがな五十音キーボードで二語文の文章を綴ることが得意です。

司会をする日直の子は毎日変わりますが，朝の会の＜天気調べ＞はD男，＜給食の献立発表＞はH女，＜歌の伴奏＞はC女，といったように担当する子が決まっています。

日直は，学級に配布されているiPadを使って，Sounding Boardというアプリで作ったコンテンツ（音声付きのシンボル）をタップして進行します。タップが難しい子は，ディスプレイに貼ったi＋Padタッチャーに接続した外付けスイッチに入力することで音声を発声させて司会をします。

H女は，"トーキングエイド for iPad"というアプリがインストールされたiPadを使って，朝の会の前に献立メニューをタイピングしておいて，順番になったら読み上げます。他の

図7　B学級の朝の会

子どもたちは，学級に配布されているVOCA3台（1メッセージを録音／再生することができる機種1台，スイッチを押す度に録音した順番通りの音声が出力される機種2台）を使い分けて，自分の担当する係の発言や返事をする場面で活用しています。また，歌の伴奏をiPadのミュージックアプリに録音していますので，スイッチとi＋Padタッチャーを使って音楽を再生するのはC女の役割です。

この取り組みを通して，B学級の中でも障害の程度が重度なD男は，「D男くんの番だよ」「スイッチ押して」といった先生の合図にタイミングよくスイッチを押すことができるようになりました。そこで，交流学習の小学校でiPadのSounding Boardアプリとi＋Padタッチャーに接続した外付けスイッチを使って挨拶や自己紹介にチャレンジしました。その結果，小学生が「D男くん，しゃべれるやん」「iPadが使えてイイなぁ」と認められたり羨ましがられたりして，それまでの参加の仕方と周囲の評価に変化が見られるようになってきています。

肢体不自由特別支援学校の重度・重複障害学級は，しゃべれない子どもたちが多いので，先生たちの声ばかりが聞こえます。しかし，B学級の先生方は，子どもたちの得意な部分を活かそうと日々の指導に取り組んでおられます。朝の会や帰りの会においても，先生方のしゃべりは少なく，子どもたちがスイッチに入力したりiPadを操作したりして音声を出力させたり，歌の伴奏曲を再生させたりしています。朝の会や帰りの会に限らず，授業中に子どもたちが関与する時間や量が多いです。

3　おわりに

VOCAは「障害が重いから〇〇デキナイ」と評価されがちな子どもたちが本来もっている力を我々に気づかせてくれるATであり，子どもたちの力を発揮させてくれるATであると考えています。

特集 AAC再入門～障害の重い子どもへのコミュニケーション支援～

実践事例編

事例 8

● VOCA ②

運動障害と視覚障害・発語困難のある子どもへの支援

千葉県千葉リハビリテーションセンター　知念洋美

Aさんの発信（表現）手段

	現在	将来	
Aさんについて	四肢麻痺（アテトーゼ型）視覚障害（光覚＋）2語文の理解確実 発語，身ぶり表現なし	（中期目標）タブレットPCのVOCAアプリを導入 生活介護の通所施設	（長期目標）階層構造のあるVOCAアプリの使用
音声	発語なし 声の調子から快・不快を周囲が判断		
身ぶり	身ぶり表現なし イエス：発声、上肢を動かす ノー：下唇を突き出す 考え中：無反応 フェースターン：ことばで説明された選択肢2～3個に対して、顔を向けて選ぶ		
ローテクツール	会話メモシート：5W1H＋感情表現から成る主要語彙（core vocabulary）とAさん固有の語彙リストを支援者が読み上げながら、イエス・ノー反応で聞き取る。		
ハイテクツール 音楽再生	ノートPC音楽再生アプリ：ステップスキャンで曲名の読み上げ・選択をして音楽再生	タブレットPCのVOCAアプリ：VOCAアプリオートスキャンで曲名を選択して音楽再生	タブレットPCのVOCAアプリ：VOCAアプリオートスキャンでアーティスト名→曲名のステップで選択して音楽再生
VOCA	ビッグマック：「声の連絡帳」学校や家でのトピックを聞き取り・イエス・ノー反応で選択し、支援者が録音する。伝えたい相手に報告する。	タブレットPCのVOCAアプリ：会話の導入、感情表現、small talk（あいさつ、冗談）などの主要語彙を選択して音声出力	タブレットPCのVOCAアプリ：カテゴリー→語彙のステップで選択して音声出力

1 はじめに

脳性まひなどの体幹や四肢に運動障害のある子どもたちの中には，視覚障害や視覚認知障害を伴うために，視覚支援の恩恵が受けられない子どもたちがいる。教育，福祉，医療の現場では，発達検査や言語検査の実施が難しく，子どもの認知発達や言語発達の段階を客観的に把握できない現状がある。しかし，その中には，周囲の会話を聞いて，表情や発声，筋緊張の変化など，再現性のある反応が認められることから，一定の言語理解や認知レベルに到達していると支援者が推測する子どもたちがいる。ローテクツールからハイテクツールへの橋渡し，運動障害と視覚障害の双方に配慮したハイテクツールによって，このような子どもたちの潜在的な能力を引き出し，コミュニケーションの自律性や余暇活動の充実を図った事例を紹介する。また卒業後に引き継げるコミュニケーション支援の目標共有についても考える。

2 実践事例Aさん

アテトーゼ型脳性まひのAさんは高等部3年在学中である。自発的な姿勢の変換は難しいが，車いす上で，肩関節の動きによって上肢を粗大に動かすことができる。視覚障害があり，明暗のちがいはわかる。発語はないが，随意的な発声はあり，快・不快の感情のニュアンスを声の調子から周囲が判断することができる。イエス・ノー反応は，笑顔と発声，および上肢を上げようとする「イエス」，下唇を突き出す「ノー」，無反応の「考え中」で応答する。個別に話せる時間に，「会話聞き取りシート」（図1）を使って，Aさんの話したい話題をイエス・ノー反応で聞き取っている。

図1　会話聞き取りシート

ビッグマックを「声の連絡帳」として携帯し，家でのトピックを家族と相談して録音し，翌日登校後に朝の会で友人や先生に報告している。また学校でのトピックを帰りの会の前に担任と相談して録音し，帰りの会で発表，帰宅後には家族に報告をしている。

家族と共通の趣味としてJ-POPやロックなどの音楽を聴くことが好きで，スイッチ練

図2　スイッチmp3プレイヤー

図3　ジョグルスイッチ
(右側が再生用：表面に紙やすりを貼り，触感覚でちがいを持たせた)

習を目的に，ノートパソコンでフリーウェアの「スイッチmp3プレイヤー」（図2）を使った。Aさんは画面を見て確認できないため，ジョグルスイッチを上肢で押し，ステップスキャンで曲名を合成音声（ALTAIR for Windows）で読み上げる。Aさんは再生したい曲のタイトルを聞いて確認したら，イエス反応で支援者に対して応答する。2個のスイッチを弁別して操作できないため，支援者が再生用のジョグルスイッチ（図3）と位置を入れ替え，楽曲のサビ部分を編集したmp3ファイルを再生した。

3　今後に向けて

Aさんは小学部在学中から，コミュニケーション支援について，教員と言語聴覚士が折に触れて目標や手立てを共有，見直しをしてきた。卒業後は，生活介護の通所施設に通う予定である。まずは，施設職員と現在の発信（表現）手段を共有できるよう移行支援を図り，卒業と同時に支援が途切れぬよう，また卒業後の生活を見通したコミュニケーション支援となる，中期目標と長期目標を考えている。

(1)　中期目標

携帯しやすいタブレットPCを使用してVOCAアプリを導入することを中期目標とした。入力スイッチをプッシュスイッチから音声スイッチへ，またスキャン方式をステップスキャンからオートスキャンへ変更する。そして，①失敗感なく楽しめる音楽再生で練習する（図4），②VOCAとして導入時は，数語の語彙から開始する（図5）。

2014年12月時点で，iOSのVoiceOver機能とスイッチコントロールは同時に使用できない。シンボル名を読み上げるためには，スイッチコントロールと聴覚的スキャンの可能なVOCAアプリが必要となる（例.GoTalkNow）。

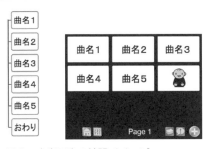

図4 音楽再生の練習イメージ
（左：項目，右：GoTalkNow 画面）

図5 VOCA アプリイメージ
（左：項目，右：GoTalkNow 画面）

(2) 長期目標

複数ページをリンクできる VOCA アプリの使用を長期目標とした。そのために，①すでに会話聞き取りシートで体験している階層構造を VOCA アプリ内でもアーティスト名と曲名の関係として，操作を体験し理解する（図6），② VOCA として上位カテゴリーと下位の語彙の関係を理解して使用する（図7）。

4 まとめ

運動障害と視覚障害があり，発語が困難な事例にノートパソコンで音楽再生ソフトを使ってスイッチ操作の練習を行った。ノートパソコンから携帯できるタブレットパソコンへの移行，音楽再生ソフトから VOCA アプリへの移行を考えている。日常的に使用してい

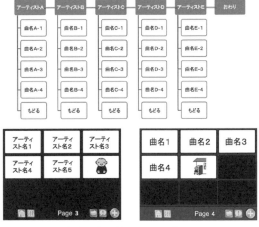

図6 音楽再生の練習イメージ
（上：項目，下：GoTalkNow 画面）

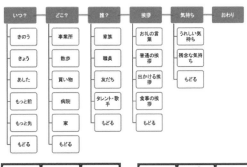

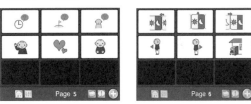

図7 VOCA アプリイメージ
（上：項目，下：GoTalkNow 画面）

る会話聞き取りシートが VOCA アプリの語彙リストの構造理解につながるよう配慮をする。個別の教育支援計画が卒業後も活かされるよう，地域の資源とつながるための支援を行いたい。

ミニ特集　障害の重い子どもたちの世界を変える！最新機器

1　OAK
重度重複障害の子どもの活動を支援する

http://www.assist-i.net　株式会社アシスト・アイ　田代洋章

開発の背景

体に障害のある子どもの活動を支援する手段として，これまでに，さまざまなスイッチが開発され利用されてきましたが，障害の度合いが重くなるとスイッチ操作が適合しない場合があります。その難しさは，●スイッチの固定方法，●姿勢の変化によるズレ，●装着による不快感，●体調の変化と操作部位の変更，●不随意運動に伴う誤動作，といったところにあるでしょう。

また，障害者の生活を支えるさまざまな支援技術が研究され，その結果，次々と優れた製品が発表されております。しかし，重い障害のある人に向けた製品は，その市場規模が小さいため高額であることが多いのが実情です。

そこで，近年飛躍的な進歩を遂げている一般の情報家電品を流用し，重い障害のある人々の活動に役立つツールを開発し，安価に提供できないだろうか，という思いから，東京大学先端科学技術研究センターと日本マイクロソフト(株)で製品開発の検討がスタートしました。

開発された製品は「OAK（オーク：Observation［観察］and Access［操作］with Kinectの略）」というPCソフトウェアで，マイクロソフト社のKinect™ for Windows®（以下，キネクト）を利用します。このキネクトは元々，同社のゲームマシンXbox®360のオプションカメラとして開発された3Dセンサーで，全世界で2400万台以上販売されています※。そのためとても安価に優れたシステムを構築することができます。

製品概要

■観察（Observation）：

OAKには，対象者の体の動きを観察する「モーションヒストリー」機能が装備されています。体の動きの頻度を色分けして画像に残すことができます。支援者が客観的に評価し，スイッチを適合することに役立つこの機能は，これまでになかった新しい機能と言えます。

■操作（Access）：

観察結果を基に任意の空間に，擬似スイッチを設定して，PCや玩具や家電品を動かすことができます。（一部オプション品が必要）

□エアスイッチ／距離モード：

キネクトの赤外線センサーを使って，対象者との距離の変化をスイッチにすることができます。比較的大きな動きのある人物に使用します。

□エアスイッチ／カラーモード：

キネクトのRGBカメラを使って，対象者の動きを画素の色の変化として捉え，それをスイッチにすることができます。少ししか動くことができない人物に使用します。

□フェイススイッチ：

キネクトの顔認識機能を使って，対象者の顔，口，舌，目の動きをスイッチにすることができます。

期待される導入効果

支援者が対象者の動きを誤解していることに気づいたり，体に負担をかけずにスイッチ操作ができる部位が別にあることに気づいたり，モーションヒストリー機能は，肉眼や通常のビデオでは気づくことが難しかったような対象者の体の反応を表現してくれます。

このモーションヒストリーの機能を用いて，動きが乏しい，あるいは動きがあってもその随意性が明確でない子どもたちへのコミュニケーション支援も進められています。彼らとの効果的な関わりを持つためには，運動や認知面での実態を的確にとらえることが重要です。モーションヒストリーは，機能的には動きをとらえているのに過ぎませんが，支援者からの働きかけと，それに対する子どもたちからの反応をペアにしてとらえることで，運動だけでなく，子どもの認知面を含めての実態把握を進めることが可能となります。非接触型のスイッチとして主に紹介されるOAKですが，むしろこの観察ツールとしての役割の方が大きいといえます。モーションヒストリーによって得られた客観的エビデンスを基に，随意的な動きを促進する効果的な関わりを実践する，そのための一助としてOAKが役立つことが期待されています。

実践例

東京大学先端科学技術研究センターが中心となって取り組んでいるDO-IT Schoolプロジェクトの実証研究「OAKプログラム」では，特別支援学校におけるさまざまな実践例が報告されています。

是非，参考になさってください。

http://doit-japan.org/

出典元　※：2013年11月のMicrosoft News Centerの記事より
http://news.microsoft.com/2013/02/11/xbox-execs-talk-momentum-and-the-future-of-tv/

- Windows®，Kinect™，Xbox®は，米国Microsoft Corporationの米国及びその他の国における登録商標または商標です。
- OAKは東京大学先端科学技術研究センターと日本マイクロソフト株式会社の共同開発品であり，東京大学先端科学技術研究センター人間支援工学分野が著作権を有します。

ミニ特集 障害の重い子どもたちの世界を変える！最新機器

2 Tobii
トビー視線入力装置の有効活用

http://www.creact.co.jp　（株）クレアクト　伊藤直弥

◆トビー視線入力装置とは

　発語がない，もしくは不明瞭で，手や足，指や口などを随意的に動かすことができない障害児（者）が「眼球の動き」「視線だけ」でパソコンへアクセスすることを可能にする装置です。

　画面上の文字盤の文字を「ただ見る」だけで文字を入力でき，読み上げることができます。スウェーデンのトビー・テクノロジー社製品「マイトビー」は，頭部を動かせる動作範囲がとても広く，頭部の位置が前後左右に動いても使うことができ，毎日厳密な設置ができない状況や，多少の体位変換でも使い続けられることから，今では世界中で1万人以上のユーザーに使用されています。

　具体的な対象疾患としては，脳性麻痺，ALS，SMA，レット症候群，筋ジストロフィー，脊髄損傷，脳幹梗塞など，幼児から高齢者まで幅広い疾患で使われており，アテトーゼなどの不随意運動があっても，マイトビーであれば使用が可能です。

　マイトビーでは，文章入力・読み上げ，メール，インターネット，音楽再生，動画再生や市販のソフトウェアにも簡単にアクセスでき，殆どのアプリケーションソフトが視線のみで操作が可能になります。遠く離れた家族とチャットを楽しむことも，同じ家の中であれば呼出しアラームで家族を呼ぶことも可能です。また，隣に誰かがいなくても文字を書くことができるので，日記をつけたり，詩を書いたりと，自叙伝を出版されている方もいます。マイトビー付属ソフト「トビーコミュニケーター4」では，個々にあった画面に編集が可能です。はい・いいえの2択だけの画面にしたり，よく使う定型句を登録して一目見ただけで簡単に読み上げられるようにしたりと，画面の配列や分割数を編集することが可能です。

　マイトビーに環境制御を組み込むことにより，TV，室内灯などの電源ON／OFF，チャンネルの切替えなどのリモコン操作といった今まで誰かに頼らなければならなかったことが，ユーザー本人でできるようになることで，本人の力を引き出し，自立に繋がります。

　マイトビーの入力手段は多岐に渡り，タッチパネル，スキャンによるスイッチ，ジョイスティックなどがあります。視線においても注視だけでなく，視線とスイッチを組み合わせることが最も有効的な使用方法です。視線で方向を決め，決定はスイッチになります。

　マイトビーはバッテリーを搭載しているので，停電などの緊急時での使用や，車いすに取り付

けて屋外での使用も可能です。ベッド上で、机で、横向きで、あらゆる体位で使用が可能です。タッチパネル、マルチボタンを搭載していることにより、パソコンを触ったことのない人でも簡単に設定ができるため、支援者の負担が軽減される仕様になっています。

マイトビーの使用方法

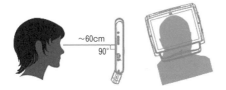

ユーザーと本体まで約60cmの距離をとり、視線とモニターがなるべく直角になるようにします。ユーザーの頭が傾いている場合は、本体も同じように傾けます。

キャリブレーションと呼ばれる視線の校正をおこないます。画面上に自動的に動く丸い点を順次見るだけで設定は終了します。メガネ、コンタクトもつけたままで問題ありません。片眼、斜視でも使うことができ、左右どちらかだけの眼のデータを使用したい時も設定が可能です。使用するコンテンツ（画面）によってはキャリブレーションをする必要もなく使うことができます。知的障害や発達障害など重度重複障害などでこれまでに意思を伝えたり学習を始める手段がなかった障害児（者）は、しっかりと「見る」という双方向のコミュニケーションから遠ざかっている場合が多くあり、個々の段階にあわせたコンテンツを活用していく必要があります。

「見る」ことによって、注意、因果、結果を学び、読み書きや数の理解、メールやITを使ったコミュニケーションができるようになる段階的に構成された体系的なトレーニングを「視線学習カーブ」と呼び、様々な身体的あるいは認知的な能力のレベルにあるユーザーが視線入力を使用するにあたり、どの段階から始めて、どの様なスキルアップが可能かを理解しやすいように、その進路を分かりやすく段階別の構成要素に分けて表しています。

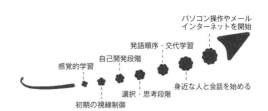

マイトビーにセンサリーアイFXソフトをインストールすることで、最初の段階「視線による感覚学習」を学ぶことができます。

まず画面を見る練習から始まり、レベルが進むごとにより正確な注視や一定時間の停留、動く対象の追従などを学んでいき、視線入力の基礎のスキルを知らず知らずのうちに学び、コンピュータを使った療育、学習へ橋渡しができる場合がたくさんあります。

支援者の評価用ソフトとしても「視線ビューワ」を使えば、ユーザーがどこをどのように見たのか、視線の軌跡を可視化することが可能です。物の形や名前の理解や読みの観察、因果関係や認知の過程の時間のかかり方など、発達や障害に関するだけでなく、失語症や認知症の回想法などへの応用、理解力の評価など、様々な分野のアセスメントにも適しています。

トビー・テクノロジー社の視線入力装置は誰でも簡単にかつ実用的に使うことができ、障害児（者）のQOLの向上はもちろん、支援者の評価にも使用することができ、使用用途は無限に可能性が広がっていくものと思います。

ミニ特集 障害の重い子どもたちの世界を変える！最新機器

3 タブレットPC
いつでも，どこでも使えるっていいですね

http://npo-atds.org/　NPO法人 支援機器普及促進協会　高松　崇

1　タブレットPCって？

今では，一般的にタブレットPCと言うと，Apple社が2010年に発売したiPadに代表されるタッチパネルによる指での入力，表示装置としてのディスプレイやスピーカー・カメラ・Wi-fi（無線LAN通信）などを備えた端末のことを言い，タブレット端末などとも言います。

2　どんな特徴があるの？

タブレット端末の一番の特徴といえば，どこにでも持っていける<u>携帯性</u>でしょう。これまでのデスクトップPCやノートブックPC（ラップトップPCといも言います）とは違い，文字を入力するためのキーボードも，操作するためのマウスも，インターネットに接続するLANケーブルも全てが本体と無線のシステムだけで利用できるようになっているので，軽くてとっても薄いですから，これまで屋内だけに限られていた使用環境が 何処でも できるようになります。

二番目の特徴は，<u>操作性</u>です。

直感的な指の操作で操作できるタブレット

端末は，マウスなどが上手く使えなくても大丈夫です。ボタンの数が少ないのもいいですね！　また標準の機能のままでは上手く操作のできない子どもたちのために，アクセシビリティの設定や，周辺機器を利用することで， 誰でも 操作が可能になります。（一部機種により違います。）

三番目は，<u>即時性</u>です。

Wi-fi（無線LAN）や3G回線などを使って調べたい時や見たい時には 何時でも 情報にアクセスすることが可能ですし，情報を発信することが可能です。最近ではスマートフォンのテザリングと呼ばれる機能を使って，Wi-fiに手軽にアクセスすることも可能です。

他にも，GPS（位置情報サービス）やカメラ・ビデオ，各種センサー類がついており，

様々な機能を利用したアプリケーションがあります。

3 何ができるの？

視覚障害児には，音声読み上げ・ズーム・色の反転・音声入力などの機能を使い，読むこと，見ることの困りを補完することが可能です。

聴覚障害児には，音声入力・字幕キャプションなどの機能や手書き・キーボードなどを利用した文字でのコミュニケーションなどで，聞くことの困りを補完することが可能です。

肢体不自由児には，アクセシビリティの機能を活用して外部スイッチなどで操作することで，タッチ操作の困難を補完します。

知的障害児には，個に合わせたカスタマイズやカメラ・動画を活用した手順書作りなどにも利用できます。

4 障害の重い子どもたちの操作

筋ジストロフィーやALSなど手の可動域が小さな場合には，無線マウスが使えるタブレット端末がオススメです。

同じように，外部スイッチを接続して1スイッチでのオートスキャンや2スイッチ以上でのステップスキャンなどもアクセシビリティの機能を使えば可能になります。

その他にも，タブレット端末を固定するフレキシブルアームやスタイラスペンなどの周辺機器もうまく選択することが必要になりますね。

これまでの機器と違い，何時でも何処でも使えるタブレット端末をもって，屋外に出てみませんか！

Information

1 Webサイト

特別支援教育教材ポータルサイト（支援教材ポータル）

http://kyozai.nise.go.jp

国立特別支援教育総合研究所 教育情報部研究員　新谷洋介

1　はじめに

文部科学省が設置した「障害のある児童生徒の教材の充実に関する検討会」より，平成25年8月，次のことが報告されました。

基本的な考え方

・障害のある児童生徒の将来の自立と社会参加に向けた学びの充実を図るためには，障害の状態や特性を踏まえた教材を効果的に活用し，適切な指導を行うことが必要。

・このため，各学校における必要な教材の整備，新たな教材の開発，既存の教材を含めた教材の情報収集に加え，教員がこれらの教材を活用して適切な指導を行うための体制整備の充実が求められる。

今後の方策（国等の役割）

・障害の状態や特性に応じた教材や支援機器，指導方法，活用事例等に関する全国レベルで情報交換するためのデータベースの作成。

・障害のある児童生徒が使用しやすい教材や支援機器の研究開発の支援。

・音声教材として複製された教科用特定図書等を製作するボランティア団体等の支援。

・ICTや支援機器の技術的支援を行う外部専門家による支援。

・教材や支援機器の活用方法や指導方法に関する各都道府県等の指導者層を養成するための研修等の実施。

これを受けて，国立特別支援教育総合研究所では，平成26年度に新たな事業として，文部科学省「学習上の支援機器等教材活用促進事業」の「支援機器等教材普及促進事業」（図1）を推進しています。

本事業は，「特別支援教育教材ポータルサ

図1　国立特別支援教育総合研究所「支援機器等教材普及促進事業」

イトの構築」と「普及活動」の大きく2つの役割があり，障害の状態や特性に応じた教材，支援機器等活用の様々な取り組みの情報などを集約・データベース化したポータルサイトの構築と，支援機器等の展示会や指導者層を対象にした実践研修の開催といった業務を推進していきます。

2 「特別支援教育教材ポータルサイト」

児童生徒の障害の状態や特性に応じた支援機器，指導方法，活用事例等に関する様々な取り組みの情報を集め，教育関係者や保護者の皆様等，支援機器等教材に関心のある方々に，特別支援教育教材等の情報を提供するシステムを構築し，平成27年3月30日に開設の予定です（本稿執筆は3月12日時点）。

本ポータルサイトは，授業のねらいを達成するためのヒントとなればと，「実践事例」と「教材・支援機器」を中心に，教材・支援機器等に関する情報を提供します。なお，本サイトは，本研究所の「ｉライブラリー」，「発達障害教育情報センター」で登録されているデータベースの内容を自動で同期する機能を実装しており，情報収集方法について検討していきます。

キーワードや，分類別，条件指定の3種類の検索方法（図3）や実践事例や支援機器等教材画像をランダムでトップページに表示する（図2）等の工夫をすることで，教材・支援機器等に詳しい先生だけではなく，関心を持ちはじめた先生方にも興味を持ってもらえるような仕組みも準備しました。

本ポータルサイトは，みなさまのご利用・ご意見があってのものです。ご意見を伺いながら，継続して充実させ，成長していくポータルサイトとなるよう努力してまいります。

（※画面は3月12日現在のものです）

図2　トップページ　　　　　　　　図3　様々な検索方法

Information

❷ 支援機器・教材の紹介①

ゆらぴかタワー

長野県伊那養護学校　矢島　悟

部屋を暗くして，スイッチを入れると，きらめく光のタワーが登場。タワーの上からは水が流れ落ち，その音が心地いい。そして，流れる水に揺れてきらめくイルミネーション。「ゆらぴかタワー」は，子どもも大人も一緒になって癒される光と水の自作スヌーズレン教材です。原理はきわめて簡単。ポンプでくみ上げた水が，波板で作った円柱の中を流れ落ちていきます。その真ん中に電飾を置けば，光は揺れてきらめきます。光と水の音で，子どもも大人も一緒になって，癒されること間違いなしです。

準備するものは，透明の波板（2枚），電飾（防水加工），ポール，ポール台，ホース，風呂用給水ポンプ，苗ポット（大），水桶。

① 桶の中にポール台を置き，ポールを立てる。ポールの長さは，波板の高さよりも少し低くしておく。長すぎると，水しぶきが上から降ってくる。

② ホースをポールに沿ってテープで固定する。ホースの先は，ポールよりも少し長く出るようにする。ホースの下側に，風呂用ポンプを取り付ける。

※ポールは，細い棒なら何でもかまわない。ちなみに，写真は細い塩ビ管。ポール台は市販のものでもいいが，写真は缶に塩ビ管をセメントで固定したもの。桶は，苗ポットの直径よりも大きければ，どんな大きさでもかまわない。

③ ポール＆ホースのまわりに，電飾を巻く。苗ポットをホースの先にかぶせる。ホースの先は，ポットの上に出るようにする。

Information 2

④ 波板2枚を，透明テープで貼り合わせる。貼り合わせた波板を，さらに円柱状にして貼り合わせる。円柱の直径は，苗ポットの外周に合わせる（中に苗ポットがすっぽり入るようにする）。

⑤ 円柱状の波板をポールの上からかぶせる。電飾とポンプのコードが外に出るように，波板に切れ込みを入れる。苗ポットが水平になるように調整して，ホースが真ん中にくるようにする。桶に水を入れれば完成。

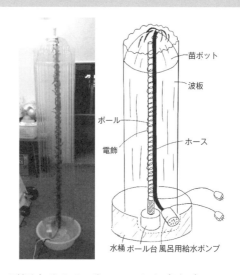

電源を入れれば，ステキな光と水のショーが始まります。コードの先をスイッチでつなげば，子どもがスイッチで操作もできます。

電飾の明かりもパターンが変わるので，とてもきれいです。ゆらめく光と流れる水の音に，先生たちからも，ため息と「きれい！」の声がこぼれます。いつもは暗がりを恐がって暗い部屋の中に入れなかった子が，入口で目が釘付けになり，そのまま中に入ってきたことがありました。そして，ゆっくり近づき，自分から手を伸ばしました。さすがに倒れそうになって水がかかりましたが。軽量のため倒れそうになるので，そこだけ注意して下さい。水の流れ落ちる音と，きらめく光の癒しのタワー，ぜひ一度体験してみて下さい。

Information

2 支援機器・教材の紹介②

ボカ太くん

長野県若槻養護学校　太田直樹

　昨年5回目を迎えた「信州特別支援教育カンファレンス」（詳しくは本書第1集に）。

　今回の特製付録は，段ボール製の組み立て式VOCA「ボカ太くん」！

　作り方を中心に紹介したいと思います。

1　ボカ太くん（ハコ太くん）の作り方

下記は製作マニュアルのダイジェスト版です。

① ボカ太くんの素材は段ボール。1枚の段ボールを切り取り，組み立て，まず箱（ハコ太くん）を作ります。

A4サイズの段ボールからスタート。

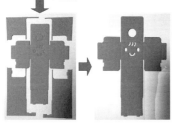

周りと顔などのバリを取ります。見慣れた顔が現れます。

順番に折って行くと，かわいいハコ太くんができます。

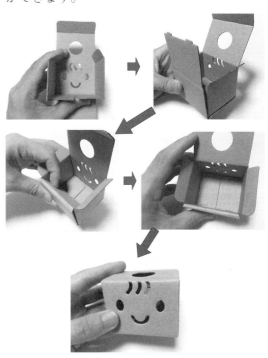

ハコ太くん完成！

上の穴には直径2.4cmのゲームスイッチがぴったりはまります。

Information 2

　ここからボイスレコーダーを付けてボカ太くんにしていきますが，ボカ太くんにせずにハコ太くんのまま使うこともできます。

ハコ太くんの使用例

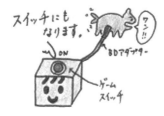

さあ，ハコ太くんからボカ太くんへ

② 今回使うのは，「マイコンキットドットコム」製のボイスレコーダーです。まずはボイスレコーダーの下ごしらえをしましょう。

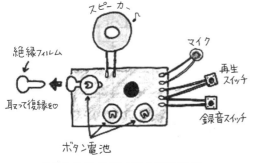

ボタン電池仕様⇒単4電池仕様へ

③ ボタン電池を外します。

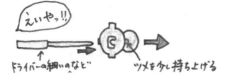

④ ボタン電池のカバーを一カ所取り外します。

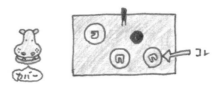

⑤ 再生スイッチを取り外します。

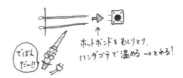

⑥ 続いて，電池ボックスの下ごしらえです。まずはコードを7cmくらい切ります。

⑦ 5mmくらいコードの被覆をむきます。

ワイヤーストリッパーなどの道具があると便利です。

⑧ 芯線に予備ハンダ（別名しみチョコ）をします。

⑨ ボイスレコーダーの基板へハンダ付けします。

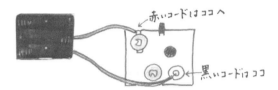

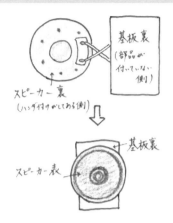

ハンダ付けの方法やコツについては、「レッツハンダ付け」というマニュアルを作成し、製作会で使っています。

⑪ 収納したら録音してフタを閉め、スイッチを押してみましょう。ボカ太くんがしゃべったら完成です！！

⑩ これで下ごしらえは完了です。
　ボカ太くんの中に収納しましょう。

　下記の収納図のように固定します。再生スイッチを外した青いコードは、上部に付けたゲームスイッチの端子にハンダ付けします。

2　ボカ太くん誕生～旅立ち

① ボカ太くんのデザイン

　教材を作ったり選んだりする上で、性別や年齢にもよりますが、「かわいさ」や「親しみやすさ」という視点は大切だと思います。

　今回、ボカ太くんのデザインを考える上で、「かわいさ」「親しみやすさ」は大きなテーマでした。

　はじめの頃のデザイン案はこのような感じでした。

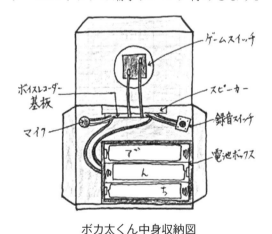

ボカ太くん中身収納図

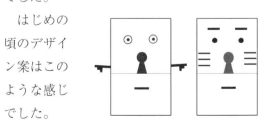

……あまりかわいくないですね。

＊スピーカーの裏面とボイスレコーダーの基板裏面を合わせて貼り、ボカ太くんの顔のところに固定しています。

その後，信州カンファ実行委員メンバーのアイデアを基に話し合いを重ねました。最後はボカ太くんとゴン太くん風のデザインが残りましたが，最終的に現在のボカ太くんのデザインに決まりました。

ゴン太くん風デザイン

② 製作会の様子

信州カンファでの製作風景。全国各地から集まった参加者の方々がコミュニケーションをとりながら作ります。

参加者の方もボカ太くんも，笑顔が広がりました。

③ ボカ太くんでコミュニケーション

信州から全国各地に旅立ったボカ太くん。活躍しているでしょうか？ ボカ太くんを通じてたくさんの笑顔とコミュニケーションが生まれていると嬉しいです。

身近でボカ太くんを使っていただいている方の声を聞くと，他のVOCAよりも親しみやすかったりコンパクトサイズで持ちやすかったりするようで，気に入って使っているという報告をたくさんいただきます。段ボール製のため，耐久性はやや低いですが，プラスチックにはない温もりがあります。

杉浦徹先生は「1教室5VOCA運動」を提唱しています。（『特別支援教育の実践情報』2013.12，明治図書）子どもがコミュニケーションを楽しむ環境づくりのために，いつもVOCAが身近な所にあって，子どもも支援者もかまえずに，すぐに使えることは有効であると考えます。VOCAを使って一方的なコミュニケーションを双方向にしていくことで，子どもの発信がより増えます。支援者も，子どもとのコミュニケーションのあり方をさらに考えるようになります。その積み重ねが，クラスや学校を変えていくことにつながると考えます。まずはボカ太くんを教室に置いてみませんか？

④ おまけ

ボカ太くんとほぼ時を同じくして誕生した娘も，毎日笑顔でボカ太くんに話しかけています。

お問い合わせはnaoky32@gmail.comにお願いします。

Information

③ 研究会情報

THE MAGICAL TOY BOX（マジカルトイボックス）
テクノロジーを使ったコミュニケーションエイド
http://magicaltoybox.org/

東京都立葛飾特別支援学校　平澤庄吾

1　マジカルトイボックスのはじまり

マジカルトイボックスは，主に障がいの重い子どもを対象にAT（支援技術）やAAC（拡大代替コミュニケーション）を普及するために1996年に発足したボランティア団体です。

はじまりは，東京都立府中養護学校（現：東京都立府中けやきの森学園）の児童・生徒と保護者および教員が参加するパソコンを活用した学習会でした。おもちゃやスイッチの改造や製作を手がけるなど活動が発展するとともに，学校の枠を超えて保護者や子どもたちにも新しい世界を知ってもらいたいという声が会員の保護者から出て，イベントを開催するようになりました。

2　マジカルトイボックスが大切にしていること

「障がいが重い人でもコミュニケーションをしているはず。なんとかそれを豊かにできないだろうか？」これはマジカルトイボックスのホームページに書かれている一文です。どんなに重い障がいのある人であっても，コミュニケーションの手段や能力を豊かにしたいと考えております。

コミュニケーションの手段は様々です。音声言語，表情，身振り，手話，筆談，シンボル，文字盤，VOCA（音声出力装置）……数え上げればキリがありません。

マジカルトイボックスで製作しているおもちゃやスイッチはコミュニケーションとは関係ないように思われますが，おもちゃやスイッチも立派なコミュニケーション手段の一つです。障がいの重い子どもの中には，市販のおもちゃでは自分で動かすことができず，動かしてもらうのを常に待ち続けなければならないことがあります。このような場合に，おもちゃを改造したり，スイッチを接続したりすることで，その子が自分で遊ぶことができるようになります。自分でおもちゃを動かすことができるようになると，自分から働きかけることができるようになったり，周囲の人から声を掛けられたりする機会が増えることで，よりたくさんのコミュニケーションを取ることができるようになります。また，その子が「自分もできるんだ！」という経験も積むことができ，自己肯定感を高めることにもつながります。

マジカルトイボックスの取り組みが，子どもたちのこのような経験に繋がる一助になればと考えております。

3　イベントの紹介

マジカルトイボックスのイベントは，夏と冬の年2回のペースで行っております。それぞれの活動内容について紹介します。

(1) 夏のイベント

夏のイベントは，例年7月中旬の土曜日に開催しています。

イベントの内容としては，講演，一般展示・実演，製作講座です。

写真①　一般展示・実演の様子

講演はATやAAC，ICT機器について造詣の深い方などをお招きして，お話ししていただいております。

一般展示・実演は，マジカルトイボックスオリジナルのスイッチや支援機器，改造おもちゃの紹介を行っています。また，各種団体や企業をお招きして展示を行っています。

製作講座は，簡単なスイッチ等を作ることができるブースを用意し，参加者が自由に作れるようにしています。

(2) 冬のイベント

冬のイベントは，例年1月上旬の土曜日・日曜日の2日間，宿泊で行っています。

写真②　講演の様子

イベントの内容としては，講演，製作講座，体験セミナー，活動交流です。

講演は，夏のイベントと同様の主旨で行っております。

製作講座は，簡単なスイッチ等を製作する時間もありますが，製作時間を長くとって，少し複雑なスイッチ等を製作しています。

体験セミナーは，iPadでの教材作りなどを行っています。

活動交流では，参加された皆さんが自己紹介をしたり，自分の活動を発表したり，自作した教材を発表したりする場です。参加者だけでなく，スタッフも含めて全員と交流を深めることができる時間です。

4　おわりに

スイッチ製作やおもちゃの改造をして，動作したときの喜びは，障がいの重い子どもたちがコミュニケーションを取ることができたときの喜びにも近いものがあると思います。製作講座はそのような体験ができる場でもあります。また，製作活動を通じて，スタッフや参加者同士の交流を深めることができます。それが製作講座の醍醐味でもあります。

マジカルトイボックスのイベントは2015年7月で20年目，40回を数えます。北は北海道から南は沖縄の人まで参加し，情報交換や交流を行っています。案内はWebページを中心に紹介しておりますので，そちらをご覧になって，お気軽にご参加ください。お待ちしております。

※マジカルトイボックスでは，「障害」を「障がい」と表記しています。

Information

4 活動紹介

子どもたちの生活を広げる「ウィッシュ」について
〜 ICT を持って街に飛び出せ！高養 Wish Project 〜

香川県立高松養護学校　谷口公彦

1　高養 Wish Project とは

　本校では10年前から，保護者や教師が付き添わない形での外出活動を通して，自分のWish（希望）を表明し，主体的に実行・実現に取り組む力を高めるための教育プログラム，Wish Project の開発と実践を続けています。主に夏休みの期間に行い，希望者を募って実施しています。

　プログラムは，事前準備・外出・振り返り学習の3つのパートで構成しています。

　事前準備は，数週間かけて電話やインターネットで調べ，教師や保護者に相談を持ちかけながら自分のWishを計画にします。

図1　事前準備の様子

　外出日。それぞれの計画に沿って自宅最寄りの駅や港から出発します。付き添いの大人がいない状況が，情報を探す，人に尋ねる，援助を依頼するなどの自主的な行動を飛躍的に高めます。そして声をかけやすい人の見分け方，介助方法の説明の仕方，財布の残高を把握しておくことなど，今まで意識できていなかったスキルにも気づいていきます。

図2　外出活動の様子

　振り返りは，体験をもとに意見を語ったり，友だちの発言に触発されたりしながら，お互いの体験を共有していきます。実体験の不足を補う大切な時間ととらえています。

　参加を重ねるうちに，生徒たちは着実にスキルと自信を身につけ，行動範囲も高松市内から県内，そして県外へとどんどん広がっていきます。ある生徒は「Wishで外に出る楽しさを知り，外出に興味をもてるようになりました」と語ってくれ，実際に週末の過ごし方が大きく変わっていきました。

2　Wish Project での ICT 活用

　Wish Project では，過去の記録を検討して，生徒の行動力を高めるための要素を次の3つに分けて整理しています。

> ① 人とつながる力
> ② 情報を見つける力
> ③ 体調をモニターする力

　3年前から本格的にスマートフォンやタブレットPCを導入しましたが，アプリをあれこれ試すのではなく，この3つの力を補助，補強することにねらいを定めています。具体的には，メール，通話，インターネット，乗換案内，Facebook，マップ，ナビなどを外出先でも使えるよう指導を進めています。

　例えば，マップの活用はどの生徒も始めは戸惑うようですが，マップ上で目印となる建物を見つけること，コンパスが狂う可能性を知っておくこと，マップだけに頼らず人に尋ねる選択肢を持つことなど，使いこなしのポイントが見えてきました。

　通話についても始めはスマートフォンを背中のリュックのポケットなどにしまっていましたが，自然に出し入れしやすい場所を考えられるようになりました。

　Facebookの活用では，保護者に全面的な理解と協力をいただいて，生徒，教員，ボランティア，OBやOGなどで「秘密のグループ」を作って事前の情報交換やアドバイスに使いました。また当日にお互いの近況を写真付きで投稿し合うこと，「いいね」やコメントがつく仕組みが，楽しさや励みを加えてくれています。また活動の記録として，帰宅後に家族と一緒に振り返るのにも役立ちます。

3　「機械」と「機会」をセットで用意する

　3つの要素の①と②は，そもそもスマートフォンやタブレットPCの得意とするところ。導入すればたちまち便利なツールになる，と確信をもっていました。しかし……。

> ・問い合わせの電話で，何にでも「はい，お願いします」と答えてしまい，肝心なことを確認し忘れる。
> ・明らかに困っているのに，電話やメールを使うことを自分では思いつかない。
> ・マップの情報に頼りすぎ，余計に道に迷う。
> ・画面に集中しすぎて周囲への注意がおろそかになり，人とぶつかりそうになる。

など，思わぬつまずきや，一時的な能力後退現象（？）まで起きてしまいました。持っているだけで便利に使えるようになるわけではなく，コツを知り，使い慣れておかないと，「いざ」

図3　前方不注意！

という時に十分に役立ってはくれないことが分かりました。「機械」と一緒に，使う必然性のある「機会」が必要なのです。

　生徒によっては使いこなすことが難しい場合もありますが，「一人で使う」ことにこだわる必要はありません。何ができるかを知り，そばにいる支援者に「タブレットがバッグにあるから使って」とスマート（？）に言えばいいわけです。

4　さいごに

　機会を用意するということでは，年1～2回のWish Projectは力不足です。また単独行動へのこだわりも生徒の生活を広げるのにかえって制限となります。私たちは，そろそろ新しい方向に舵を切り始めています。

Information

5 海外情報

CTG カンファレンス

http://www.closingthegap.com/

独立行政法人国立特別支援教育総合研究所 教育支援部主任研究員　武富博文

1　CTGについて

　CTG（Closing The Gap）は，1983年に聴覚に障害のある子どもの子育ての経験にもとづいてBudd HagenとDolores Hagenによって設立された組織です。CTGの活動としては，隔月で発行する情報雑誌やWebセミナー，毎年開催する国際会議を通して，支援技術リソースやトレーニングの機会を提供することなどがあげられます。

　今年で32回目を迎える国際会議は，例年の通り米国ミネソタ州ミネアポリスのDouble Tree by Hilltonホテルを会場に，10月15日から17日までの3日間にわたり開催されました。主催者によると参加者は約900名とのことで，障害児教育に携わる学校の教員や大学関係者，PT，OT，ST等のリハビリテーション関係者，ATコンサルタント，学生，保護者等が主な参加者となっているとのことでした。

　会議の内容は，主にセッション（プレゼンテーション）と展示会が中心になっていましたが，開催に先立ってワークショップも開催されており，ワークショップから引き続き参加されている人も多く見られるようでした。

　セッションは3日間で142タイトルが報告され（大会プログラムより計算），2コマにわたるセッションも含まれていたので，時間に換算すると175時間を上回る報告やディスカッションが展開されました。

　一方で展示会の方は，ホテルの大広間を55のブースに区切り，関係する企業や業者から様々な種類の支援機器やプログラムが展示され，デモンストレーションや来場者との質疑が繰り広げられていました（写真1）。

写真1　展示会の様子

2　セッションの内容について

　今回報告された142タイトルは，全部で26のカテゴリーに分類されており，それぞれのカテゴリー毎の報告数は表1の通りでした。

　最も多く報告されたカテゴリーは，Augmentative Communication（拡大コミュニケーション）に関する報告で，続いてTechnology Integration（技術統合）の順となっており，全体の4割程を占めていました。

表1　セッションのカテゴリーと報告数

カテゴリー	報告数
accessible instructional material	10
assessment	8
augmentative communication	29
autism	5
cognitive development	1
curriculum development / modifications	6
differentiated instruction	4
early childhood development	1
employment / job accommodation / job training	2
environmental control	1
funding	1
geriatrics	1
IEP / IPP	1
inclusion/cooperative learning	1
keyboard alternatives	4
learning styles	2
literacy	15
mathematics	2
professional development	7
research	1
response to intervention	1
seating / positioning / mobility	4
technology integration	25
transition	6
universal design for learning	3
Web 2.0	1

また，Literacy（リテラシー）やAccessible Instructional Material（アクセシブル教材）に関する報告も続いて多く見られ，障害のある方がどのように他者とコミュニケーションをとったり情報にアクセスしたりするのか，認知の発達や読み書きのスキルとの関連でソフトウェアの活用について報告しているものも見られました。筆者が参加した「アシスティブテクノロジーを教室で提供するためのステージと戦略」に関する報告では，「レタスを栽培していて，レタスが上手く育たなかったのは，レタスが悪いのではなく自分の関わり方に問題がなかったのかを通常は疑う」ことを例えに，様々な観点からATコンサルタントとしての関わり方について提言がなされていました。単純な研究の成果や理論を提供するだけではなく，デモンストレーションを行ったり，練習の機会の設定をしたり，実際にスキルを教え，その後の対話に基づく気付きを促すようなアプローチによって，はじめて実際に教室環境下や授業において教師が活用するようになるとの報告が印象的でした。

3　展示会の内容について

各ブースをまわってみて印象深かったのは，コミュニケーションエイド等のタブレット型端末の普及が一層進んでいると感じたことと，クラウドを活用することによってより高度な情報処理を可能にしていることがあげられます。ワードプレディクション（文字予測）機能を搭載したコミュニケーションエイドでは，英単語を入力し始めると全てのスペルを予測した単語候補を挙げることはもとより，その単語に続く次の単語を候補としてあげたり，バラバラの単語を並べ替えて文章として構成したりすることがクラウドシステムにより可能になったりと，日本語では難しいと思われるような機能も可能にしていました。言語の違いによって可能性がさらに拡がることもあるということを納得させられました。

4　主催者へのインタビューを通して

32年間，このCTGの運営に携わっている方へのインタビューを行いましたが，テクノロジーは長足の進化を遂げているということを真っ先に，この間の変化としてあげておられました。参加者も2000年には2000人を数えていたとのことですが，経済状況の変化に伴ってその数が減少し，近年では900人程で推移しており，今後は少しずつまた増えるでしょうとの希望を持たれていました。

この分野での更なるイノベーションとその技術の活用によって，より多くの障害のある方の社会参加やQOLの向上を願わずにはいられない3日間のカンファレンスでした。

Information

❻ 知っておきたいAT用語

いまさら聞けないAT用語をピックアップ

京都府立宇治支援学校　大森直也

＜支援機器と支援技術＞

1980年頃は，障害児・者を支援する機器は「テクニカルエイド（Technical Aids）」と呼ばれていた。テクニカルエイドは，福祉機器とほぼ同義で，車いすや杖，補聴器等を含んでいたが，当時からコンピュータを使った意思伝達の装置等を含んでいた。

その後，1990年代から「アシスティブテクノロジー（Assistive Technology）」と呼ばれるようになり，今に至っている。なお，我が国では「新情報教育の手引」（文部科学省，平成14年6月）に「技術的支援方策（アシスティブ・テクノロジー）」として公的に記述された。

しかし，アシスティブテクノロジーは米国では支援機器（assistive technology device）と支援技術サービス（assistive technology service）の両方を指しており，直訳では「支援技術」であるが，我が国では「支援機器」と「支援技術」の両方で「アシスティブテクノロジー」を使っていることが多い。

なお，アシスティブテクノロジーを「障害支援技術」と訳することも多いが，この場合の「支援」は，障害のある人や子ども自身を支援する，あるいは，自立や社会参加を支援するという意味に考えた方がよいだろう。

＜補装具と日常生活用具＞

障害者総合支援法（平成25年4月）では，障害者への支援機器の支給を「補装具」と「日常生活用具」という2つの枠組みで行っている。「補装具」には座位保持装置や車いす，歩行器や各種装具の他，重度障害者用意思伝達装置（写真1）が含まれている。これはコンピュータ等を使った1～数点スイッチによる入力が可能なワープロおよび赤外線リモコン等による外部機器操作が可能な機器を指す。また，「日常生活用具」には，特殊寝台等の介護・訓練支援用具や頭部保護帽といった自立生活支援用具の他，情報・意思疎通支援用具に，点字タイプライター等とともに携帯用会話補助装置がある（写真2）。これは一般的に「VOCA（音声意思伝達装置）」と呼ばれており，ボタンやスイッチ等を押すことで，あらかじめ録音しておいた声を再生する装置のことである。これらを含めて，障害のある人や子どもを支援する機器のことを，福祉機器や支援機器と呼んでおり，両者は明確な区別がされていないのが現状である。

写真1　重度障害者用意思伝達装置
「伝の心」株式会社日立ケーイーシステムズ

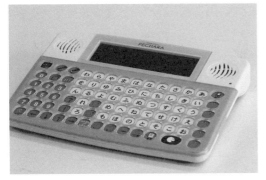

写真2　携帯用会話補助装置
「ボイスキャリー　ペチャラ」パシフィックサプライ㈱

< AT と ICT >

　本書の表題ともなっている AT（アシスティブテクノロジー）であるが，特別支援教育の分野では，同じような場面で「AT 活用」や「ICT 活用」といった様々な呼び方がされている。「ICT」は Information and Communications Technology（情報通信技術）であり，特に特別支援教育では，以前の情報教育の流れとして位置づく実践は ICT 活用と表現され，障害のある子どもに対して支援機器を使って指導する実践では AT 活用と表現されることが多いが，両方をほとんど区別せず使用する場合もある。

　あえて区別すれば，軽度知的障害のある生徒が，教科「情報」の時間にパソコンを使って，ワープロやメールの使い方を学習したり，インターネットで必要な情報を検索したり，ネット上のエチケットやモラル，防犯について学習したりする場面を ICT 活用とし，子どもの障害の状態や特性に合わせたスイッチ等で入力できるワープロや意思伝達装置を使って目の前の友だちや大人とコミュニケーションしたり，インターネットを活用してより広い世界の人々とコミュニケーションしたりといった取り組みを AT 活用とする場合がある。

<バリアフリーとユニバーサルデザイン>

　バリアフリーとユニバーサルデザインは，ほぼ同じ意味で使われる場合もあるが，あえて区別すれば，バリアフリーは，障害者や高齢者等の社会的弱者の生活や活動等の障壁（バリア）になるものを除去したり，軽減したりすることである。ユニバーサルデザインは，障害者や高齢者を含む，すべて（あるいはできるだけ多く）のユーザーが使いやすい設計や制度である。

　具体的には，バリアフリーは建物に入る時に障壁となる段差を解消するために，スロープをつけたり，手すりをつけたり，車いす用リフトを取り付けることであり，ユニバーサルデザインは，建物に段差をつけずに設計することである。段差は誰にとってもないに超したことはない。

My Recommended Books

一度は手に

Data
- 中邑賢龍著
- こころリソースブック出版会
- 1620円（税込）
- 150ページ

■ AAC入門　コミュニケーションに困難を抱える人とのコミュニケーションの技法

　ある若手の教員から、「担当の子どもがスイッチを押せるようになったけど、次の課題はどうしたらいいのでしょうか？」と聞かれました。支援機器を使って子どもがいろいろな活動をできるようになるのはよいことなのですが、教員としてはそれが子どものどういう成長につながるのかということを考えていないと、次の活動に発展させることはできません。その意味でこの本には、支援機器、AACを使う上でとても大事な要素が書かれています。

　この本は、2000年に出た『AAC入門』の改訂版です。改訂版が出た理由は「インターネットが普及し、スマートフォンやタブレット端末を多くの人が活用して生活する時代が訪れました。これはAAC技法の在り方を大きく変えています。」と本書に述べられているように、ここ最近のAACをめぐる環境が十数年前より大きく変わってきたからとのことです。また旧版にはなかったアスペルガー症候群、ADHDのような知的障害のない人やLDの人とのコミュニケーションについても触れられています。

　「重度知的障害の人とのコミュニケーション」の項目では、まずその人の「理解できるレベル」（言葉でわかるのか、見てわかるのか）を確認し、違いのはっきりした選択肢（好みがはっきり分かれる選択肢）を提示することの重要性が書かれています。「重度重複障害の人とのコミュニケーション」の項目では、その子のコミュニケーションの発信が弱いことにより、まわりから気づかれにくく学習性無力感に陥りやすいことが述べられています。重度重複障害の子のコミュニケーションを理解するためには、関わる大人のゆっくりした観察、応用行動分析的アプローチの必要性があること。また発信行動を引き出すために、スクリップティッド・ルーチンという方法やスイッチを使ったおもちゃ遊びの重要性等が紹介されています。障害が重くなるほどコミュニケーションの捉え方が難しくなります。重度知的障害や重度重複障害の人との意思疎通の方法は、コミュニケーションの基礎といえる大事な部分なので、おさえておく必要があると思います。

　本の後半では、コミュニケーションエイド（様々なスイッチ、VOCA、コンピューターアクセシビリティー等）の具体的な使い方が示されています。

　本書は支援機器やAACをなぜ使うのかということを自分自身が頭で整理する上でとても参考になりますし、同僚の教員や保護者に説明するときにも役立つ書籍だと思います。

したい本

東京都立鹿本学園
髙塚健二

Data
- 金森克浩編著
- 明治図書
- 2200円＋税
- 112ページ

改訂版　スイッチ製作とおもちゃの改造入門

　この本の旧版を購入したのは，編著者の金森先生と同じ職場のときでした。回覧で書籍購入の申し込み用紙が回ってきたので，なんとなく購入。その頃の私はスイッチのこともAACのこともあまり分かっておらず，パラパラと本をめくって，「面白そうだな。でも自分には無理」と本を閉じ，そのまま2年間ほど開くことはありませんでした。その後異動した肢体不自由校ではあまりスイッチが活用されておらず，どうしたものかと思いマジカルトイボックスのイベントに初参加。AACの講演を聞いたり，支援機器の展示を見たり，製作講座で初めて棒スイッチを作ったりする中で教材製作の楽しさを実感することができました。

　それからは眠らせていた本書の旧版を開き，作れそうな物から作っていきました。自分の作ったスイッチ教材は教室ですぐ使ってみたくなり，それを使った子どもたちの笑顔や得意気な表情等を見ると，さらに教材製作のペースに拍車がかかりました。このように私が支援機器やAACに興味を持ち深く学んでいくきっかけは，教材作りの面白さに目覚めたところから始まっています。

　さてこの書籍ですが，旧版に掲載されていたプッシュライトスイッチや電動はさみの改造等，現在では手に入りにくくなったものは省かれています。替わりにタブレット端末をスイッチ操作するためのBluetooth関連機器の改造，KotoDama，ワリバッシャー等，魅力的な教材製作の方法等が新たに追加されています。また旧版に掲載されていた棒スイッチ，学習リモコンの改造等も写真が大きく鮮明になり，とても分かりやすくなっています。

　ハンダごてをあまり使ったことがない方は，最初難しく感じるかもしれませんが，職場にスイッチ製作の得意な方がいれば，一緒に教えてもらいながら作るとよいと思います。一番よいのは製作講座に参加することです。全くの初心者でも丁寧に指導してもらえます。

　本書の前半はスイッチ製作にあたっての基礎知識編として，工具の種類，ハンダごての使い方，各種スイッチの説明が述べられています。教材を間違いなく丈夫に作るにはこの基礎をおさえておくことが大事です。

　本書には，「障がいのある子の，新しい世界の扉を開くための鍵を作りませんか」とあります。しかし教材を作ることは，子どもだけでなく教材を作る側の教員の心も開く鍵となることは間違いありません。本書がそのきっかけに必ずなると思います。

【編集代表紹介】

金森　克浩（かなもり　かつひろ）
独立行政法人国立特別支援教育総合研究所

次号予告　■特集＝●知的障害でのICT活用（仮）●

編集後記

　本書の特集を考えたときに，信州特別支援教育カンファレンスのA氏から「AAC再入門というのは，今『Slide』で僕が連載しているタイトルですよね」と言われました。そう，「AAC再入門」という題で信州特別支援教育カンファレンスの誇る雑誌『Slide』にAさんの連載がありました。それを覚えていたのかそうでなかったのかは定かではありませんが，Aさんには断りもなくこの特集を組んでしまったのは申し訳なく思います（もちろん本気で怒られたわけではありませんが……）。さて，事ほど左様に，AACというのは分かっているようで分かっていないのではと感じられます。今回の特集では特に障害の重い子どもさんへのAACが主でしたので，VOCAやシンボルについてはあまり触れていません。今度はAさんにも原稿をいただいて「AAC再入門2」というのを出したいと思います。

（金森克浩）

※本書に掲載しているURLや取扱いメーカー等は，すべて執筆時のものです。

タブレットPCを教室で使ってみよう！
〔実践〕特別支援教育とAT（アシスティブテクノロジー）
第6集

2015年5月初版第1刷刊　Ⓒ編集代表　金　森　克　浩
発行者　藤　原　久　雄
発行所　明治図書出版株式会社
http://www.meijitosho.co.jp
（企画）佐藤智恵　（校正）増渕　説
〒114-0023　東京都北区滝野川7-46-1
振替00160-5-151318　電話03(5907)6704
ご注文窓口　電話03(5907)6668

＊検印省略　　組版所　中　央　美　版

本書の無断コピーは，著作権・出版権にふれます。ご注意ください。

Printed in Japan　　ISBN978-4-18-129611-7
もれなくクーポンがもらえる！読者アンケートはこちらから →